致孩子
中外名人家书

切斯特菲尔德：专注与自律的力量

[英]切斯特菲尔德/原著
莫幼群/主编
余世磊/编著
褚律元/翻译

时代出版传媒股份有限公司
安徽少年儿童出版社

图书在版编目（CIP）数据

切斯特菲尔德：专注与自律的力量 /（英）切斯特菲尔德原著；莫幼群主编；余世磊编著；褚律元翻译. — 合肥：安徽少年儿童出版社，2020.10（2024.1重印）
（致孩子·中外名人家书）
ISBN 978-7-5707-0797-3

Ⅰ. ①切… Ⅱ. ①切… ②莫… ③余… ④褚… Ⅲ. ①切斯特菲尔德 – 书信集 Ⅳ. ①K835.617=41

中国版本图书馆CIP数据核字（2020）第131906号

[英]切斯特菲尔德/原著
莫幼群/主编
余世磊/编著
褚律元/翻译

ZHI HAIZI ZHONGWAI MINGREN JIASHU QIESITEFEIERDE ZHUANZHU YU ZILU DE LILIANG
致孩子·中外名人家书·切斯特菲尔德：专注与自律的力量

出 版 人：李玲玲　　策划统筹：何正国　黄　馨　　责任编辑：张春艳
责任校对：于　睿　　责任印制：郭　玲　　装帧设计：乐读文化
绘　　图：尤里插画
出版发行：安徽少年儿童出版社　E-mail:ahse1984@163.com
新浪官方微博：http://weibo.com/ahsecbs
（安徽省合肥市翡翠路1118号出版传媒广场　邮政编码：230071）
出版部电话：（0551）63533536（办公室）　63533533（传真）
（如发现印装质量问题，影响阅读，请与本社出版部联系调换）
印　　制：阳谷毕升印务有限公司
开　　本：710 mm × 1000 mm　1/16　印张：11.5　插页：4　字数：165千字
版　　次：2020年10月第1版　2024年1月第5次印刷

ISBN　978-7-5707-0797-3　定价：45.00元

总序

历史深处的面容与背影

文 / 莫幼群

翻开这套书中的五部家书，五位父亲的面容与背影，从历史深处浮现出来。他们谆谆教子的话语在我们耳畔回响，他们汩汩而出的爱意撞击着我们的心灵……在我们这样一个如此重视家风建设的新时代，这些遥远而可敬的父亲笔下饱含深情的教育金言，仍然有着重要的启示意义。

这是五位不同时代的父亲，也是五位不同风格的父亲。

从职业和身份上看，有贵族型父亲——启蒙运动时期英国的切斯特菲尔德伯爵，曾任爱尔兰总督、国务大臣；有官员型父亲——清朝末期动荡岁月里的二品大员曾国藩，官至两江总督、直隶总督；有富翁型父亲——19世纪与20世纪之交的美国石油大王洛克菲勒，是一位鼎鼎有名的富豪；有社会活动家型父亲——近代维新派领袖梁启超，他同时也是著名的思想家和文学家；有学者型父亲——中国现代杰出的翻译家傅雷，尤以译介法国19世纪文学作品见长……

从个性和气质上看，这五位父亲也迥然不同。切斯特菲尔德伯爵属于世故型，精明强干，深谙为人处世之道；曾国藩属于朴拙型，自认天资不高但极具耐心和韧劲；洛克菲勒属于张扬型，以意气风发的姿态走完辉煌的一生；梁启超属于青春型，在人生的各个阶段都充满无穷的活力并时刻感染着他人；傅雷属于内敛型，生性极为敏感而又相当执拗……

但不论身份和气质有多大不同，他们所呈现给孩子的面容与背影，都有着高度的相似之处。

“严父慈母”是以前的社会给予父母的角色定位，中外皆然。即便不是出于本意，过去的父亲也必须扮演起严父的角色。从五部家书中可以看出，五位父亲都怀有“望子成龙”之心，对自己的孩子高标准、严要求，有的甚至到了苛刻的程度，正所谓“咬紧儿子不放松，只缘一颗严父心”。当然，在严厉、严肃、严谨的外表之下，他们的心是无限慈爱的。这种爱是无私的——他们无比希望孩子作为“另一个自己”，能将他们未走完的路走得更远。

虽然五部家书里有千言万语，是千叮咛万嘱咐，但我以为，起作用更大的还是五位父亲的身教，或者说，是融合了言传和身教的整体教育氛围。说到身教，就不能不提那含义丰富的“背影”。尤其对于五六岁以后的孩子来说，家长的背影比正脸更重要。因为这时候的孩子对自己身体的管理能力已经比较强，不太会出现特别危险的情形，他们已经急切地要去当一个观察者和模仿者了。家长的背影被他们默默地看在眼里，家长的背影什么样，将来他们就可能成为什么样的人。这五位父亲作为事业成功者，对于自己的工作都是全身心投入的，视劳作和创造为最大的人生快乐；他们严于律己、坚持不懈、追求卓越、追求完美——那劳碌的背影、那执着的身姿，深深地感染着孩子，成为孩子漫漫人生路上持久的动力。

于是，从切斯特菲尔德、曾国藩、洛克菲勒到梁启超、傅雷，严厉中带着慈爱的面容和辛劳中带着睿智的背影，就构成了历史上五位著名父亲的共同特征。他们在家书中留下的谆谆教诲，也为后世人提供了精神食粮和为人处世的准则……

这套书预设的读者，除小学中高年级学生和初中生外，还包括他们的家长。甚至可以说，家长是本套书编者更为看重的大读者。读完这五部家书，我相信，我们每位大读者自己的父亲的形象，也会逐渐清晰起来。我们会对照这五位父亲，思考自己父亲当年在家庭教育上的得与失；更重要的是，超越那些得与失，理解他们的良苦用心，理解他们的不容易……然后，在家族生存繁衍的这个“现在进行时”的时间点，想一想自己该怎样做好父亲、做好母亲……

如果越来越多的人在家庭教育上，既有良好的借鉴，又能够经常自省，那么，我们整个社会的家风建设或许将进入一个崭新的境界。

前言

父爱如山

男孩很小的时候，就被父亲送到伦敦著名的西敏斯特学校读书。父亲工作繁忙，稍有空闲时间，就给孩子写信。那年，这个男孩才七岁，父亲寄给他一本词典和一封信，告诉他不是压迫他学习，而是为他找乐子，希望他通过读这本词典中的人物和故事，感受到快乐。

父亲要去爱尔兰当总督，安排十三岁的儿子去欧洲各地游学。为此，他专门聘请一位朋友、学者哈特先生作为儿子的导师、监护人。他要求哈特先生一旦发现儿子有偷懒、赌博等不良行为，必须及时向他报告。他在信中严肃地告诉儿子：他会根据哈特先生的报告，给予儿子相应的处罚和奖赏。

珠宝商杜瓦尔从德国萨克森到伦敦来，父亲与他一见面，就急切地要求他讲儿子的情况。得知儿子发胖了，父亲有点着急，赶紧给儿子去信，告诉他要注意这件事，肥胖不但有损身体健康，而且有损外在形象，因此，必须加强锻炼，少吃油腻的食物，少喝麦芽做的饮料。

父亲与朋友们谈心，所谈的还是儿子。朋友们说："他有聪明的头脑，他有一颗善良的心，他积累了丰富的知识，每天还在习得新的知识，你还要他怎样呢？"父亲说："我希望他在各方面都增辉生色，更趋完美，这对他的头脑、他的心灵有什么坏处呢？"

不同国家的人，虽然种族不同、文化背景不同，但是普天下的父母之爱是一样的。这位父亲忙于公务，以书信的形式给儿子以关爱，细细叮咛，循循善诱，为儿子定下远大的目标，那就是将来能成为国家栋梁，能进入国会，从事外交工作……他相信儿子会做得、学得很好，但他还总是想让儿子好上加好，成为一个优秀的人……

父亲渊博的知识，丰富的经历，加上对儿子的挚爱，化成一封封饱含学识、哲理、阅历、真情的家书。当这些家书公开出版后，立即受到读者的喜爱，无论是为父母者还是为子女者，都能从这些家书中汲取力量和智慧。

这位父亲名叫菲利普·多默·斯坦厄普·切斯特菲尔德（Philip Dormer Stanhope Chesterfield），1694年9月22日出生于一个贵族世家，就读于剑桥大学。1715年起开始从政，曾被英国国王乔治一世授命为辅导王子的侍臣。1726年进入上议院。1727年乔治二世登基，切斯特菲尔德伯爵被任命为驻荷兰大使(1728—1732),后任国会议员、爱尔兰总督(1745—1746)、国务大臣（15个月）。他口才出众，知识渊博，掌握数种语言，熟谙欧洲事务，特别擅长外交，极具个人魅力。1773年3月24日，他因患肺水肿谢世。

1733年，切斯特菲尔德伯爵与肯德尔女公爵（据传是乔治一世的私生女）的外甥女结婚。同年，他的私生子菲利普·斯坦厄普·切斯特菲尔德出生。伯爵待这个孩子一如婚生子，宠爱有加。斯坦厄普幼年进入西敏斯特学校接受教育，七岁时在拉丁文、希腊文方面已颇有长进，十五岁时就能用法文与其父探讨法国讽刺短诗。当时(1745年)，伯爵正在爱尔兰总督任上。次年，伯爵离任回到英国，即送其子赴法国、德国、瑞士、意大利等国游学。斯坦厄普饱学归来，进入英国国会，1768年11月16日因病去世。

伯爵对儿子的感情极深，苦于长期不在儿子身边，便采用通信的方式与儿子保持联络。最早的一封家书写于1738年，当年其子仅是个五岁的幼童。最后一封家书写于1768年10月17日，一个月后，其子即不幸病逝。前19封家书都是用法文写的，从第20封家书起，时用法文，时用英文，后逐渐以英文为主。一封封家书无不感人肺腑，千叮万嘱、循循善诱，期望儿子好学上进、富有修养；期望儿子追踪先贤、通晓人生；期望儿子珍惜光阴、切莫旁骛；期望儿子亲切待人、谨慎交友；期望儿子树立理想、鄙视虚荣；期望儿子战胜偏见、远离恶行……总之，苦口婆心不厌其烦，有时到了有点唠叨的地步。

就内容而言，这些家书大约可以分为几个阶段：儿子的少年时代，通过家书教育孩子如何健康成长；儿子的青年时代，通过家书告诉儿子学习方法和如何探索世界；从儿子成年开始，通过家书教导儿子如何成为合格的绅士；儿子进入政界和外交界之后，通过家书教授儿子很多具体的政治外交经验。

伯爵写给儿子的家书在西方国家影响极大，几乎人人皆知。这些“充满世界性智慧”的文字被誉为“一个完整的教育体系”，对英、美等国的人才培养有着不可估量的贡献，是西方国家的国民教育和辅助教育体系里的一座里程碑。

伯爵写给儿子的家书充满了人生宝贵的经验和智慧。广大青少年可以从中懂得许多人生的道理,得到非常有益的启示。特别是在如何社交、娱乐、讲话、读书、惜时、培养优秀的品格、具备高雅的风度等方面，不乏伯爵许多独到的见解。书中有不少精辟之语，被后人作为格言，涉及人生诸多方面，如：“所谓以礼待人，即用你喜欢别人对待你的方式对待别人。”“友谊是一种生长缓慢的植物，它只有嫁接在彼此熟识、互相敬爱的枝干上才会枝繁叶茂。”“知识有重量，但成就有光泽。有人感觉到知识的力量，但更多的人只看到成就的光泽。”……

伯爵写给儿子的家书不但年轻人可读，其实成年人亦可读，一方面，可从书中汲取营养，充实自己的人生；另一方面，对于领导下属、教育学生、与人相处，都可作为借鉴与指导。

伯爵写给孩子的家书最早于1774年由尤金尼娅夫人出版，共两卷，后又出版了第三卷、第四卷。之后又有一些学者、伯爵的友人陆续修订、补充、注释，1800年出了第11版。1901年，伦敦梅休因出版公司出版了由斯待雷奇作长序的版本，流传至今，可以称得上是世界上闻名遐迩、独树一帜的著名文学作品，尤其在励志类作品中至今久享盛誉。

伯爵还有一位养子，也取名为菲利普·斯坦厄普·切斯特菲尔德，与他的亲生子同名。伯爵自1761年始，也给这位养子不断写家书（本书未收录写给他的家书），直到1770年。这位养子性格内向，远离政坛，一生从事农业、畜牧业；喜爱射猎，性格与伯爵亲生子大异。伯爵过世后，因其亲生子先于他去世，因此其爵位与财产均由其养子承袭。

在中国逐渐崛起并融入世界的时代背景下，了解并学习西方优秀传统文化，与中国优秀文化加以比较和补充，伯爵的家书无疑可以作为一扇窗口。

目录

美德的伟大力量

你比同龄的孩子学得更多、理解得更多，所以，你看，我不把你看作孩子，而是写信给你，谈一些适合成年人思考的事情。我给你讲一些古代圣哲的事例，并不只是谈历史，而是鼓励你去学习那些榜样。

你见到了美德的伟大之处，见到了美德必有的回报。受到称颂的伟人们的美德，穿透历史，流传至今。古罗马统治者尤利乌斯·恺撒[1]尽管是个暴君，但在他身上也有若干美德，尤其是他的宽厚与仁慈。著名的例子是：罗马的一位名人马

①尤利乌斯·恺撒：古罗马统治者、政治家，与庞培、克拉苏结成“前三头同盟”，后击败庞培，成为罗马独裁者，最后被罗马共和派贵族刺杀。他还著有《高卢战记》和《内战记》等。

塞卢斯[1]，在恺撒同庞培[2]的内战中站在庞培一边，反对恺撒。然而，恺撒战胜了庞培，回到罗马后，在元老院的斡旋下，他不仅宽恕了马塞卢斯，而且同他结为朋友。西塞罗[3]为此有一篇演说专门称赞恺撒的这一举动，称他天性善良、宽宏大量。他对恺撒说，他把恺撒宽恕马塞卢斯这件事，看得比恺撒所取得的所有胜利更加伟大。

确实，仁慈是心胸开阔之人所具有的特性。心中充满愤怒、总想着报复别人的人，无法感受到宽恕敌人或对那些已在变好的人慷慨地施以恩惠所带来的超乎寻常的快乐。

①马塞卢斯：古罗马贵族，是恺撒的死敌。在担任执政官时，他曾阴谋削去恺撒的兵权而未遂。罗马内战时期，他追随庞培，庞培死后他退出政坛，专攻修辞学。后被侍从杀死。　②庞培：古罗马统帅，两度任执政官，和恺撒结盟，后来又同恺撒闹翻，被恺撒打败，逃到埃及后被杀。　③西塞罗：古罗马政治家、演说家、哲学家，曾任执政官。

真知灼见

在切斯特菲尔德伯爵给爱子的家书中，很多都是关于品行、培养绅士风度的。在这封较早写的家书中，伯爵给爱子讲述古人的故事，为他树立学习的楷模，教育他要具备美德。而在各种美德中，伯爵推崇的是宽恕与仁慈，并举了恺撒与马塞卢斯的故事，来说明“宽恕”比“胜利”更加伟大。

伯爵在这封家书中，讲到仁慈与宽恕等美德所具备的伟大力量。这种力量主要表现在：

美德必有回报。诚实可以换来信任，谦虚可以换来尊重，仁慈和宽恕可以化仇恨为友爱，化干戈为玉帛。

美德可以穿透历史。古今中外，许多人因为能够宽恕别人而名垂青史，被人千古传诵。虽然恺撒是个铁血统治者，但因为宽恕马塞卢斯，所以他的名字穿透历史，跨越时空，被我们记住、赞美。

美德能够带来超乎寻常的快乐。心怀仁慈与宽恕，这种美德如夏日之雨，能扑灭怒火；如冬日之火，能融化冰霜。拥有这种美德的人，心中能感受到不一般的美妙与快乐。

美德可以成就事业。凡成大事者，无不具备过人的美德。

相反，一个人德行很差，不仅为世人所不耻，对于自己也是一种折磨。心无仁慈，不能宽恕别人，时时怀恨在心，恰如有荆棘扎入心中，成为无时不在的伤痛。

我们从小就应该注重培养各种美德，在以后的人生路上，美德必定会带给我们战胜困难的信心与力量。

快乐阅读

齐桓公任用管仲

春秋时期，诸侯争霸，战乱频繁。

在齐国，鲍叔牙和管仲是好朋友。齐襄公时，齐国发生内乱，公子小白和公子纠逃到他国。鲍叔牙辅佐弟弟公子小白，管仲辅佐哥哥公子纠，两个人各为其主。

齐襄公死后，二位公子都准备回国即位。管仲带领人马去追杀公子小白，一心想置公子小白于死地。他追上公子小白，立即拉弓射箭，一箭射中，只听公子小白大叫一声，口吐鲜血倒下了。管仲以为公子小白死了，就回去向公子纠禀报。于是，公子纠放心了，一路慢慢前行，并不急着赶回齐国。岂料公子小白并没有死，管仲的箭只是射中了他的衣带钩，公子小白急中生智，咬破舌头装死骗过了管仲，然后日夜兼程，比他哥哥先回到齐国，得到了王位。

公子小白就是历史上的明君齐桓公。

齐桓公选贤任能，想让自己的老师鲍叔牙担任相国，鲍叔牙却说管仲的才能更高，并劝齐桓公放下对管仲的仇恨，启用管仲。齐桓公于是召见管仲，宽恕了他。在交谈中，齐桓公发现，管仲在治理国家方面很有才能，他们越谈兴致越高，竟然说了三天三夜。后来，齐桓公任命管仲为相国。

管仲为齐桓公的宽大胸怀所感动，下定决心报效齐桓公。他充分发挥自己的才能，兢兢业业地治理国家，使得齐国的实力日益强大，仅仅用了几年，齐国就成为春秋时期第一霸主。齐桓公对管仲十分尊敬，称他为“仲父”，意思是他就像自己父亲的兄弟一样。

要勤于思考

亲爱的孩子，你将常常听到我对你的告诫：要勤于思考。所有你学过的、读过的东西，如果不经过你自己的思考与分析，那是毫无用处的。人们读到的是他人的思想，如果全部听信，不加检验，不同自己的思想来比较，那就只能凭人家的只言片语过活，或只是零售从别人那里趸来的货。理解他人的想法很有用，因为知道别人的想法后，有利于作出自己的判断。但如果仅仅接受别人的想法而不考虑这些想法是对是错，那只是一种模仿。

如果作文题目是《夜晚》，那么你应当寻找最优秀的作家对这个题目的描写，通过借鉴形成自己的创意。你必须经过自己的思考，用自己的语言来写。否则，你就是在抄袭、剽窃。抄袭者偷窃别人的思想，直接拿来作为自己的思想发表出来。

说到“夜晚”，对经过一天辛劳的人来说，夜晚让他们得以休息；星星呢，正在按正常轨迹移动着；家畜和飞鸟都想休憩了，享受着夜晚带来的安谧。经过检验，你会发现这些都是事实。但是，再反复思考一下，你会发现，夜晚可描述之处并不只有这些，譬如，尽管夜晚通常是平静、安详的，但也常有犯罪事件发生，坏人通常会利用黑暗来做掩护。你可以对不同的夜晚用不同的语言表述，可以称之为“友好的夜晚”“平静的夜晚”“受欢迎的夜晚”“平和的夜晚”“犯罪的夜晚”“蓄意的夜晚”“恐怖的夜晚”等。

真知灼见

在无限的时间和空间里，个体确实太渺小了，甚至可以忽略不计。但人有思想，思想是无限的。

可以说，从人类社会出现以来产生的所有文明，无不是人类勤于思考的结果。

在这封家书中，切斯特菲尔德伯爵谈到学习、读书、写作的一个秘诀，那也是他常常告诫爱子的：要勤于思考。

伯爵认为：“所有你学过的、读过的东西，如果不经过你自己的思考与分析，那是毫无用处的。”我国儒家学派的创始人孔子也说过：“学而不思则罔，思而不学则殆。”也就是说，一味读书而不思考，就会因为没有深刻理解书本的意义而不能合理有效地利用书本上的知识，甚至会陷入迷茫。而如果一味空想而不去进行实实在在的学习和研究，则终究是沙上建塔，一无所得。

我们读一本书，不能一目十行，读完了事，而应该边读边想：作者为什么这样写？这段文字蕴含着怎样的道理？从作者的思想里，我们得到了什么样的启发？这种启发在现实生活中，对自己有什么教益？只有这样，才能真正把书本上的知识和思想消化吸收，成为自己的东西。正如吃饭，不能囫囵吞枣，必须将食物慢慢咀嚼咽下，这样，我们才能品味其中的味道，吸收其中的营养。

伯爵特别谈到写作，举了一个具体的例子，如何去写题为《夜晚》

的这篇作文？可以借鉴、学习别人写夜晚的文章，优美的辞章、表现的主题，都可经过自己的思考，吸收成为自己的东西，用自己的方式表述出来，而不是简单的抄袭。不要只看到夜晚安谧的一面，通过观察思考，你就会发现夜晚是多面的。这样，你写出的文章就有自己的特色。

要写出好文章，秘诀无他——多读、多思、多写，厚积薄发。多读积累知识，多思获得灵感，多写提高技巧。

伯爵就是一个勤于读、思、写的典范，他的一生，80% 的闲暇时间都用于读书、思考和写作。

快乐阅读

莫泊桑学写作

法国著名作家莫泊桑，被世人誉为“世界短篇小说巨匠”之一，代表作品有《项链》《漂亮朋友》《羊脂球》《我的叔叔于勒》等。

莫泊桑初写作时，文章写得非常一般，为此他很苦恼，求教于大作家福楼拜。他苦恼地说：“我已经读了很多书，为什么一到写文章时，总还是感到文章写得没有趣味？”

福楼拜说：“写作，要不怕吃苦、勤练、多思考——天天都有马车从你家门前经过，你就站在门口，仔细观察那马车，把每天看到的情况，都详细地记录下来，再想想为什么会出现这些情况。”

第二天，莫泊桑就照福楼拜的话去做。他一整天都站在大门口看，门前马车来来往往，但是他什么名堂也没有看出来，于是又跑去请教福楼拜：“我观察了一天马车，没看出什么特殊的东西，这有什么好写的？”

“不，不，不！怎么能说没有什么东西好写呢？晴天时马车是怎样走的？雨天时又是怎样走的？上坡、下坡时马车怎样走？还有在暴风雨中、在烈日下赶车人的表情是什么样的？这一切你都能写得清楚吗？你想过为什么会这样吗？”福楼拜滔滔不绝地说着，一个接一个的问题让莫泊桑陷入了思考。从此，莫泊桑天天全神贯注地观察与思考生活。他从中获得了丰富的材料，发现了很多社会问题，写出了一些新作品，兴致勃勃地请福楼拜指导。

福楼拜认真地看了几篇，脸上露出了微笑，说：“透过这些作品，我看到了你的进步，但贵在坚持。你要永远记住，长期坚持写作才能有所成就。对你所要写的东西，光是仔细观察还不够，更要善于思考，不要写别人都写过的东西，而是要发现别人没有发现和没有写过的特点，具备与别人不一样的思想内涵。”

福楼拜的这些教导，对莫泊桑启发很大。经过不懈努力，莫泊桑最终成为一代名家，被誉为“世界短篇小说之王”。

享乐应有节制

先生[1]，准确地读、写、说现代语言，拥有各国的法律知识，了解各个帝国的政府体制及其历史、地理与大事记，对你将来从事外交工作是十分必要的，这是我一再提醒你要好好学习的内容。你有了这些知识，就很可能继承我的事业。

我希望你充分利用好你的时间，世上很少有人能做到这一点。在适当的场合交友、散步、骑马，这些都是很有用的。而我不能原谅你到处闲逛，无所事事。光阴如此宝贵，一旦失去便不复再来。你和我都要把法语学好，如缺乏练习便易忘记。请允许我强

①先生：切斯特菲尔德伯爵给他儿子写信，或称“亲爱的孩子”，或称“先生”，更多的时候称“亲爱的朋友”。

调一下法语的重要性，很可能我们每天闲扯时三分之二的部分用的是法语。无论如何，这种语言便于谈论轻松有趣的话题。目前，我不想提醒你学习希腊文或拉丁文，学习自然科学或各国的法律，学习公民权利，等等，我情愿同你讨论你做何种消遣的问题。说实话，每个人都有喜欢的娱乐活动。请允许我来问问你，你喜欢哪种性质的娱乐？是否和好朋友玩玩纸牌？是否喜欢小小的欢乐的晚宴？这些晚宴都是让人既开心又体面大方的。是否常拜访某个关心你、能帮助你的人？

许多年轻人只是寻欢作乐，毫无品位，甚至把纵情声色看作快乐。酗酒对身心均有害无益。赌博只能千百次地让你陷入争吵，使你身无分文，成为一个暴戾之人。至于追求异性，结果只能是失去洁身自好的品质，摧残自己的身体——甚至彻底搞垮身体的事也不少见。

说起来，这些都是琐事，然而，目前这些却正是大多数年轻人的娱乐活动，这些人从不躬身反省。我想竭力劝告你，决不要陷入那种错误。你应当理智地选择有品位的娱乐活动。

一位绅士真正的享乐，应当是在桌面上，并且也要有所节制；交友要慎重，即结交那些优秀的人；可以和朋友们玩玩纸牌，但不要沉迷其中；可以同高尚、有见识的妇女进行一些轻松的谈话。

这些才是绅士们真正的享乐，这些享乐活动既无害于身体，又不致让人蒙羞或感到悔恨。凡是超越这些界限的，便成为令人失去理性的恶行,不仅不能使人满足,反而只能令人感到脸上无光,名誉受到玷污。

真知灼见

切斯特菲尔德伯爵希望爱子能够成为一名外交家，对他的学习要求很严格，希望他能掌握多种语言，了解各个国家的知识。但伯爵也是宽厚的，并没苛求爱子每天埋首于书本中，允许他有一些娱乐。

但伯爵告诫爱子，切勿纵情声色，酗酒、赌博等，这都是不加节制的享乐，于身心均有害无益。

先秦孟子云：“生于忧患，死于安乐。”唐代韩愈云：“业精于勤，荒于嬉；行成于思，毁于随。”讲的都是同样的道理。

今天，我们身边的一些年轻人，整天无所事事，沉湎于手机、游戏、歌舞等玩乐，不能自拔，这都属于不加节制的享乐，最终毁掉的是自己的大好前程。

伯爵提到一种绅士的享乐，这是一种有品位的娱乐活动。何谓绅士的享乐？一是在桌面的，也就是公众的娱乐，并且有所节制；二是结交优秀人物；三是可以玩玩纸牌，放松一下；四是可同高尚有见识的女性谈话。

伯爵所谓“绅士的享乐”，于我们课余的娱乐可以有所参考。譬如：参加一些学校组织的社会活动或娱乐活动；偶尔打打球，下下棋，看会儿电视，玩会儿游戏；和一些优秀的同学或社会人士交往，与他们交流心得等，都属于有益身心的高尚享乐，也是真正的享乐。

快乐阅读

唐玄宗玩乐误国

唐朝时，唐玄宗李隆基是一个很有作为的皇帝。

唐玄宗登上皇位后，在政治上很有作为。他勤于政事，事必躬亲，夜以继日地处理各种事务。他任用姚崇、宋璟等贤相，励精图治，施行一系列改革举措：一是精简机构，裁减多余的官员，把武则天以来的许多无用的官员一律裁减，不但提高了效率，也节省了朝廷开支；二是确立严格的考核制度，加强对地方官吏的管理。每年十月，唐玄宗派按察使到各地巡察民情，纠举违法官吏，严惩不贷；三是将谏官和史官参加宰相会议的制度予以恢复；四是重视县令的任免。他认为郡县的官员和百姓直接打交道，代表了国家的形象。所以，他经常亲自出题考核县官，确切了解这些县官是不是真正称职。如果考核成绩优秀，可以马上提拔，如果名不副实，会马上遭到罢黜。国家由此长治久安，开创了中国历史上有名的“开元盛世”。

开创盛世之后，唐玄宗逐渐有些自满、骄傲，没有了励精图治的精神，也不提倡改革时的节俭之风了。正直的宰相张九龄等人先后被罢官，奸臣李林甫爬上了相位。唐玄宗看上了美人杨玉环，把她召进宫里。杨玉环懂音律，也很聪明，还擅长歌舞，很得唐玄宗欢心。“春宵苦短日高起，从此君王不早朝。承欢侍宴无闲暇，春从春游夜专夜。”唐玄宗完全沉湎于酒色，国家内忧外患。

唐玄宗的这种放纵最终导致“安史之乱”的爆发。叛军攻陷长安，唐玄宗仓皇出逃。到马嵬坡时，随行的将士发生哗变，迫使唐玄宗下令缢死杨贵妃。大唐盛世元气大伤，而唐玄宗也在凄凉中度过晚年。

做事必须专注

哈特先生[1]告诉我，你对学习十分专注，开始从理解中尝到甜头，这种快乐将随着你的专注度的提高而获得更多。

你也许还记得，我总是诚恳地劝说你，任何事情都要全神贯注地把它做好，不能一心二用。但绝不是说，要你整天啃书本。我的意思是你还应当有你的娱乐。在一定时间内关注娱乐，要同关注学习一样。如果你不平等地关注这二者，你的学习不会进步，你的享受也不会尽兴。

一个人如果不能专注于当前的事情，并在某种程度上把其他

①哈特先生：一位牛津学者，深得切斯特菲尔德伯爵信任。1745年，伯爵正在爱尔兰总督任上。次年，伯爵离任回到英国，即送其子赴法国、德国、瑞士、意大利等国游学。为此，伯爵特聘请哈特先生作为儿子的导师、监护人。

无关的事情从头脑中排除出去，那么他既搞不好事业，也享受不到乐趣。假如在一次舞会或晚宴或欢乐的聚会上，某个人只顾在自己的脑子里思索如何解答欧几里得①的一个问题，那么，他将是一名糟糕的伙伴，在同伴中显得格格不入。而如果这个人在自己的书房里钻研某个算术题，却又在想着备忘录里的某件事，我估计他必将成为一名糟糕的数学家。

如果你一次只做一件事情，一天之中，就有足够的时间来安排所有的事情；如果你一次做两件事情，一年也做不完这许多事。省议会议长吉思·德·维特②被繁忙的事务几乎撕成碎片，他白天忙于共和国的事务，晚上还有时间去参加集会，和同伴共进晚餐。有人问他在如此繁忙的情况下怎么还能去与民同乐，他回答道："这太容易了，一段时间里只做一件事，今日事今日毕，决不拖到明天。"这种镇定自若、决不分心的精神，是优秀天才人物不可或缺的；而仓促、忙乱、激动，则是意志薄弱、猥琐无能的必然表现。

①欧几里得：古希腊数学家，被称为"几何之父"。他最著名的著作《几何原本》是欧洲数学的基础，被广泛地认为是历史上最成功的教科书。 ②吉思·德·维特：荷兰政治家，他被共和党人选为省议会议长，协助组织了反对法国国王路易十四的三角同盟。1672年路易十四侵入荷兰，维特及其兄长被暴民处死。

真知灼见

佛教创始人释迦牟尼说过：“制心一处，无事不办。”意思是说：“把心用在一个地方，没有事情办不成功。”“制心一处”就像凸透镜把阳光聚焦在一点，这个点汇集的热量能够把纸片燃烧起来。

切斯特菲尔德伯爵的这封家书，讲的也是这个道理。伯爵告诫爱子，一是如何处理学习与娱乐的关系，二是如何处理生活中繁忙的事务。答案就是做事要专注，决不分心。

伯爵可不像现在的有些父母，只会让孩子读死书，不允许孩子有任何娱乐。伯爵希望爱子既要搞好学习，还要有娱乐。要做到平等地关注学习与娱乐，那就要做到专注，学习时专注地去学习，娱乐时一门心思去娱乐。一如大作家冰心告诫孩子们的那样：“专心地学习，痛快地游玩。”如果学习时想着娱乐，或者娱乐时想着学习，必然既享受不到娱乐带来的快乐，又搞不好学习。

伯爵以维特议长为例，这位议长处理事务的方法值得学习，即“一段时间里只做一件事，今日事今日毕，决不拖到明天”。也就是专注地做好一件事，而不是同时考虑两件事。这实在是一条值得忙人知道的生活指南。

在伯爵看来，做到镇定自若、心无二用与表现得仓促、忙乱、激动，可作为衡量优秀者与无能者的标准。

每天面对那么多事情，你能做到专注、镇定自若吗？

快乐阅读

许海峰夺金牌

1984年7月29日，在美国洛杉矶奥运会体育馆里，奏起了雄壮的《义勇军进行曲》，五星红旗冉冉升起。面对五星红旗的是27岁的中国射击运动员许海峰，他夺得该届奥运会首枚金牌，这也是中国人在历史上夺得的第一枚奥运会金牌。无数中国人从电视里看到这个画面，无不欢欣鼓舞。

许海峰是安徽和县人，从小就迷上了打弹弓。他跟别的孩子玩得不一样，整个人完全沉浸在打弹弓中。他反复琢磨瞄准的技巧、拉弓的力度等，慢慢地练成了一个“神射手”，一打一个准。

后来，许海峰的这个本领得到学校体育老师的欣赏，推荐他上了体育学院，成为一名射击运动员。

握枪在手，如同当年打弹弓，身心完全沉浸其中，别无他想，这成为许海峰取得好成绩的诀窍。

洛杉矶奥运会射击比赛，让许海峰经历了一场心灵的战斗。

比赛已经到了最关键的时刻——第六组的十发子弹。在前面的五组里，对手将环数咬得非常紧，领先、落后只在一环之内。此时，许海峰感觉自己有些忙乱、激动。在这一组的前三枪里，他竟然打出糟糕的6环、7环、8环的成绩，形势急转直下，对他极为不利。之后，他又打出了四发子弹，但似乎还是没有找到感觉。

就剩最后三发子弹了。许海峰站在靶位上，一动不动，他知道，心若慌乱，必然失败。他必须让自己平静下来，专注于手中的枪。

14分钟过去了，许海峰渐渐忘掉了自我，忘掉了周围的一切，人与枪已完全融在了一起。只见他慢慢抬起头，调整了一下呼吸，举起了手里的枪。

9 环、10 环——出手两枪，都是不错的成绩。

第 60 枪，也是最后一枪。许海峰射出了枪中的子弹——10 环——这是让中国人激动不已、欢呼雀跃、永远铭记的一个 10 环。

比赛归来，这枚金牌被许海峰献给了国家。这枚金牌，代表着许海峰的爱国心，也代表着许海峰所具备的一颗专注之心。

要把同伴和朋友区别开来

像你这样年纪的年轻人，往往过于坦率，容易轻信那些世故、圆滑的人。那些无赖对年轻人说他们是他真正的朋友，假装满腔热情，令人对他们产生信任。因此，你要注意，你现已踏入社会，可能会碰上那种伪装的友谊。对待这种人要十分有礼，同时要十分小心，可以恭维他们几句，但不可付以信托。不要因虚荣、自爱而误以为别人第一眼看到你就会把你当作朋友，甚至是知己。

真正的友谊是慢慢建立起来的，决不会突如其来，除非已有深入了解，相互看重。年轻人之间还有另一种所谓友谊，热情一时，过后就忘。这样的友谊是偶然邂逅时匆忙建立起来的，很容易消失。有些人借钱给你，却不怀好意。有些人喜欢说三道四，传播流言蜚语。你要牢记，要把同伴和朋友区分开来。一个趣味相投的同伴，可能是一个不合适的、危险的朋友。人们在很大程度上通过你同哪些人交往来对你作出评判。这不是没有道理的。有一句西班牙谚语说得好:“告诉我，你同谁住在一起，我就知道你是什么样的人。”

完全可以料到，一个把朋友当作蠢人要弄的人，必定有许多坏招。因此，在摆脱这种假朋友的时候，应该注意不要刺痛他们，导致反目成仇。这种人有很多，我宁愿中立，不同他们结盟，但也不愿成为他们的敌人。同他们结为仇敌的危险性仅次于同他们结为朋友。要同几乎所有人保持一定距离，又不要使人看出你同他保持着距离。

除慎重地选择朋友外，选择同伴也要慎重。应尽可能把比你强的人作为同伴，与他们为伍，你可获进步；与不如你的人为伍，你只可能沉沦。你不要误解，以为我指的是门第的高低。门第是最不重要的。我指的是他们的才华，以及世人对他们的评价。

同伴中会有两种类型。一类是花花公子，其中有些人能出入宫廷，很会享乐；另一类是有真才实学、出类拔萃的人物。以我来讲，我一直把比我强得多的人作为同伴，例如艾迪生先生、波普先生，以及欧洲的各位王侯。我所指的必须尽力避免结交的同伴，是指那些不知自尊自重，把同你结交引为光荣，对你逢迎拍马以图获得私利的人。世上再没有比同这类人结交使自己变坏更快的事了。

真知灼见

人生于世，会认识很多人，要与很多人打交道。切斯特菲尔德伯爵在这封家书中，以自身的丰富阅历谈人际交往，不乏一些独到的见解。

伯爵首先谈到交朋友不可过于坦率，轻信别人。那种匆忙之中建立的友谊，往往是靠不住的，甚至可能被世故、圆滑之人利用，损害自身。有些人才见面，或见过几次面，就交为朋友，甚至称兄道弟。这类假朋友，用中国话说只是“酒肉朋友”，他们给你的只是一种虚假的友谊，是有所企图的，或对你有所求，或逢场作戏。

须知真正的友谊是需要深入了解的，是需要用岁月和经历加以检验，是不掺杂任何企图的。隋朝人王通说：“以利相交，利尽则散；以势相交，势败则倾；以权相交，权失则弃；以情相交，情断则伤；唯以心相交，方能成其久远。”这种以心相交的，才能称为真正的朋友。

有些年轻人交友不慎，原因除了阅历浅，还有一点是分不清同伴与朋友的关系。人生旅途，会有同事、合作者等，这些人都是同伴，大家结伴同行，互相帮助。不可把这些人都看作朋友，过于亲近和信任，需要同他们保持一定的距离，但又不要让人看出你在保持距离，这就是交际的艺术。

选择同伴和选择朋友一样重要，一个原则是，应尽量选择一些有学问、有道德、有正能量之人。古人云：“近朱者赤，近墨者黑。”长期与他们在一起，潜移默化中，自己的工作、学问、道德等都会得到提高。

反之亦然，不进则退。

交好朋友益心，交好同伴益身。成就美好人生，干出一番事业，离不开一些真正的朋友、优秀的同伴的助力。也可以说，朋友的真假，同伴的优劣，也决定了你是一个怎样的人。

快乐阅读

苏轼与巢谷

宋代的苏轼一生交游甚广，三教九流中人都有，但真正能称之为朋友的，也不是很多，同乡巢谷可以算作一个。

巢谷，字元修，比苏轼大 12 岁。因都是四川眉山老乡，所以苏轼、苏辙从小就认识他，关系很要好。

有一年，巢谷赴京赶考，先参加文科考试，名落孙山。他想到自己力气大，又去参加武科考试，同样没有考取。后来，巢古投笔从戎，参加平叛失败，从此隐姓埋名，云游天下。

巢谷很欣赏苏家兄弟的才华，也一直在默默关注苏家兄弟的为官之路。宋元丰三年（1080 年），苏轼因为“乌台诗案”被从轻发落，贬到黄州。当时巢谷正在家乡四川，得知苏轼被贬，立即赶到黄州看望苏轼。他干脆在苏轼家住下，设立学堂，教授苏轼之子苏迈、苏过。俩人写诗唱和，喝酒游玩，给被贬的苏轼带来许多安慰。

巢谷藏有家传秘方“圣散子方”，是治疗伤寒时疫的药方，他连儿子都不传授，却传给了苏轼。苏轼在黄州时，那里连年发生瘟疫，百姓染病致死的甚多。苏轼用这个药方熬药，救活了很多人。

元丰七年（1084 年），宋神宗调苏轼去汝州任职，巢谷知道东坡的好运要来了，就提前离开了。从那以后，苏轼跟巢谷再也没有见面。

绍圣四年（1097 年），年过花甲的苏轼再因党派之争被贬儋州。此时巢谷已经是 70 多岁的老人了，听到这个消息，他毅然决定赶往儋州看望苏轼。坐船到新会时，有人偷了他的包裹逃跑。小偷在新州被抓获，巢谷因此流落到新州，不幸染病，在新州病逝。

苏轼得此消息，号啕大哭，直哭得肝肠寸断，茶饭不思。他捎信让巢谷之子前来迎丧，又让新州官吏保护好巢谷的遗体，并著文悼之。他们之间的这段友谊，成为千古佳话。

引你走上最好的路

我常给你写信，尽管我也怀疑这些信对你是否有用，或仅仅是在浪费纸张，浪费精力。这就要看你的理智与反应能力，能否全力以赴去加以实践。如果你拿出时间来，并有足够的见识，去好好想一想，那么有两点你必然会想到：首先，我拥有许多经验，而你则缺乏经验；其次，我是世上唯一同你毫无利益冲突的人（直接的或间接的），我关心的只是你的利益。从这两条无可辩驳的理由出发，得出明显而又重要的结论是：为了你自己，你应该重视并听从我的忠告。明白不过的是：我除对你的关爱外，别无其他目的。因此，你在今后若干年内，应当把我当作你唯一的最好的朋友。

真正的友谊要求建立友谊者在年纪上、气质上大体相当，如果差距太大，就不会建立起友谊，唯一的例外是父母同子女之间，因感情、因关爱弥补了双方的差异。你同年龄相仿的人结为朋友，这样的友谊可能是真诚的，也可能是热情的，但必然在某些情况下相互都得不到益处，因为双方都缺乏经验。年轻人引导年轻人，就像是盲人引导盲人（两个盲人都会翻进沟里）。最可靠的引路人，是那些经常走过你要去走的路的人。让我来做你的引路人，我已走过无数的路，我能指引你走上最好的路。如果你问我为什么也走错过路，我很真诚地回答你，是因为我缺乏好的引路人。坏榜样引我走上一条路，好的引路人则指给我另一条更好的路。我的父亲既不想指导我，也不能指导我。但是，我希望你不会那样看待你的父亲。你应当明白，我只是运用言辞来指引你，因为我特别希望你能通过自己的理智来接受我的忠告，而不是勉强地服从我的权威。我估计你是有见识、有理智的，因此我会继续向你提出忠告与建议，希望我们能成功。

你目前在莱比锡逗留，主要应关注有关书和科学的知识，如果你此刻不去掌握这些知识，你的一生将在无知中度过。相信我的话：无知的一生不但是十分无聊的一生，而且是活得很累的一生。为此，你应加倍专心研读哈特先生讲授的人文科学，尤其是希腊文化。如果你遇到困难，就明白地提出来，不要越过去（或由于错误怕丢面子，或由于懒惰的心理）。在听马斯科教授或其他教授讲课时，同样要加倍用心，不要放过任何细节，直到你彻底弄懂，并训练自己经常写下心得。

今天，我托人把你妈妈准备的一个小包裹带去莱比锡，其中有一些贵重物品，我添加了一个非常漂亮的牙签盒，作为新年礼物送给你。顺便说说，务必请你注意牙齿健康，使牙齿保持绝对整洁。

真知灼见

切斯特菲尔德伯爵不用自谦，凭着他的学识和阅历，凭着他对儿子的爱，绝对可以成为儿子最好的引路人。

一般来说，为人父母者都有一些学识和阅历，完全可以作为子女的引路人。当然，也不排除有一部分“不想指导，也不能指导”的父母。

读伯爵的这封家书，我们可以感受到字里行间满溢着他的深情和对儿子的殷切希望。这些话也很像我们的父母平常对我们所说的，只不过我们的父母没有把它们写在纸上。

这些话，有的人可能觉得很啰唆，根本听不进去，甚至有人故意要与父母作对。这就不对了，一如伯爵所说，父母与子女，是毫无利益冲突的，父母对子女的爱是最无私的。因此，我们应该相信父母，相信父母是想把我们引上一条好路。

同样，对于所有父母来说，无不希望子女理智地接受他们的忠告，而不是勉强服从他们的权威。

当然，我们也不用完全听父母的话，他们指的未必是一条最好的路。在我们根据自己的经验和学识，对父母所指引之路产生怀疑时，不应叛逆、对抗，而是应该和父母如好朋友般促膝交谈，或借助于更有经验者，来达成一个共识。

快乐阅读

毛主席教子

毛岸英是中华人民共和国开国领袖毛泽东主席的儿子。作为父亲，毛主席在繁忙的工作中关爱毛岸英，但同时也严格要求他，用心引导他走上一条最好的路。

1930 年，杨开慧被国民党杀害。幼小的毛岸英、毛岸青兄弟俩流落街头。直到 1936 年夏，地下党组织才找到他们兄弟二人，把他们送到苏联读书。1937 年，毛主席开始与他们进行书信联系，慈爱之情溢于言表，不仅教育他们如何读书、做人，还时常给他们寄书和生活用品。

1946 年 1 月，毛岸英回到阔别多年的祖国，回到分别了十八年的父亲身边。毛主席虽然觉得以前对儿子生活上的关心有所亏欠，但决不因此对他溺爱。父子俩仅一起生活了两天，毛主席便要毛岸英到机关食堂吃大灶。

不久，毛主席让毛岸英脱掉大皮靴，顺手递给他一双黑布鞋，让他去当时延安著名的劳动模范吴满有那里当农民，到吴家枣园学种地，上“劳动大学”。

毛岸英跟着吴满有学会了开荒、上粪、除草、下种子、拢地。当他再次回到父亲身边，毛主席摸着儿子结着一层厚厚茧子的手，满意地说：“不错，这就是你的毕业证书！”

1950 年，为保家卫国，中国人民志愿军雄赳赳地跨过鸭绿江，与全世界最强大的敌人美国军队作战。新婚不久的毛岸英主动请求入朝参战。当许多人都来劝毛主席出面阻止时，毛主席的回答却是：“谁叫他是毛泽东的儿子！他不去谁去？！”

毛岸英不幸牺牲在朝鲜战场上。毛主席得知消息后，强忍丧子之痛，缓缓地说：“打仗总是要死人的。中国人民志愿军已经献出了那么多指战员的生命，他们的牺牲是光荣的。岸英是一个普通战士，不要因为是我的儿子，就当成一件大事。”

经毛主席同意，毛岸英一直长眠在朝鲜的土地上。他的死，激励着无数中华儿女献身于中华人民共和国的建设。毛主席父子超出寻常的亲情，也永远感动、教育着后来人。

每个人都有长处值得学习

你在莱比锡能从早到晚这么好地支配时间，使我颇感安慰。有些愚蠢的人会说，你没有自己的时间了。而我确信你有足够的见识使自己明白你利用时间如此之好，对你自己有益，不，更有甚者，它将积累成重大利益，在短短数年内，更将成为一笔极其可观的本钱。

也许你的十几位同学不都是活跃的人，但你切莫显出轻视或做出什么可笑的事来。相反，你应当努力学习他们的长处，因为每个人总有这样或那样的长处。至少，这能使你提高德语水平。鉴于他们来自不同的地方，他们一定会告诉你某些有用的信息。至少他们知道一些各地的法律、习俗、政府以及显赫家族的情况，知道这些情况总比不知道要好，还能启发你去深入探询。任何人几乎不可能在各方面都优胜，也很少有人没有任何长处。一位优秀的化学家能从所有实物中提取精华，一位有才能的人借助于细腻的心思，也会从每个谈话对象的言语中找出值得知晓的东西。

鉴于你已被引见给库兰女公爵，只要时间允许，你就务必常去拜访。据我所知，女公爵有极好的教养，才华横溢。尽管我敦促你去参加女士的聚会并不期望你在学识与判断力方面有所长进，然而，在其他方面还是有益处的。如可以“抛光”你的仪态，学会某些姿势，这在社交活动中是非常必要的，而英国人在这方面做得不够好。

我不知道你的晚餐是否丰盛，但你必须吃得有营养。一夸脱[①]的汤，两磅马铃薯，可使你度过一夜，不至于急切盼望明日的早餐。马铃薯是我乡同胞[②]常吃的食品。据我所知，爱尔兰人是世界上最健康、最强壮的人。

我身体不适是伤风感冒之故，现已痊愈，不必挂心。

①夸脱：容量单位，主要在英国、美国及爱尔兰使用。英制一夸脱等于 1.1365 升。
②我乡同胞：切斯特菲尔德伯爵曾任英国驻爱尔兰的总督，因此他常把爱尔兰人称作“我乡同胞”。

真知灼见

英雄所见略同。切斯特菲尔德伯爵认为：“任何人几乎不可能在各方面都优胜，也很少有人没有任何长处。”孔子说过：“三人行，必有我师焉。择其善者而从之，其不善者而改之。”当代作家周国平说过：“每一个人的长处和短处是同一枚钱币的两面，就看你把哪一面翻了出来。”

能够看到别人的长处，学习别人的长处，这是善于与人共处之道。在现实生活中，有人天天抱怨这抱怨那，唯独不见、不说自己的不是，以致自己满腹怨气，与别人也难以相处。

平凡之人，若能善于看到他的长处，加以鼓励，必能使其长处得到发扬，并有所成就。这样，对于发现者而言，无疑也可以成为一个伯乐。相反，只看到别人的缺点，埋怨、打击他，必能使这个人丧失自信，自暴自弃。

一如伟人周恩来所说：“人总是容易看到人家的短处，看到自己的长处。应该反过来，多看人家的长处，多看自己的短处。这样不仅能使自己进步，也能帮助别人进步。”

快乐阅读

“大衣哥”的成名路

喜欢唱歌的人可能都知道，中国歌坛有个“大衣哥”，他叫朱之文，是山东菏泽的一位农民。

可以说，2011 年前的朱之文还是个再普通不过的农民，貌不出众，语不惊人。他小学二年级没上完就退学了，十七岁那年，因生活所迫，不得不和村里的伙伴一起到北京打工。

朱之文有一个长处，就是会唱歌，嗓音浑厚有力。在北京打工时，工地附近经常能听到朱之文嘹亮的歌声。一位爱好音乐的老奶奶无意中听到朱之文的歌声，便将自己的电子琴送给了他，这是朱之文第一次拥有自己的乐器。回到宿舍，朱之文一个键一个键地试音，一遍遍对着乐谱弹奏，终于慢慢知道简谱上的 123 分别对应哪个琴键了。

那时候，许多电视台都在办选秀节目。一个工友看着电视，对朱之文开玩笑道：“老朱，你歌唱得那么好，也可以去上电视呀。”这句话让朱之文的心怦然一动。

2011 年 2 月，朱之文决定去参加山东电视台《我是大明星》在山东济宁的海选。辗转来到济宁的朱之文由于不认识路，跑了大半个城区才找到比赛的海选地点。参赛者们个个都精心打扮了一番，而穿着老式军大衣的朱之文站在众人之中犹如“鹤立鸡群”。他犹豫着要不要临时买件便宜的衣服穿上，但很快意识到那样钱就不够买车票回家了。他对负责面试的导演说：“我不换衣服。叫我唱就唱吧，不让唱我就赶紧回去。”

导演打量了眼前这位朴实的中年人半晌，终于说道：“凑合着唱吧。”

当时身穿军大衣的朱之文，笔直地站在舞台上，放开喉咙，一曲电视剧《三国演义》的主题曲《滚滚长江东逝水》唱罢，评委和观众竞相起立鼓掌。评委甚至质疑起朱之文的农民身份，最后看他一双长满老茧的手，才确信他是个农民。

在许多伯乐的赏识下，在朱之文的个人努力下，从此，他走上演艺之路，开启了新的人生。

学问不可炫耀、滥用、错用

每一个优点，每一种美德，都有与它同源的缺点与恶行；如果超过了一定的界限，就会走向另一面。往往慷慨成了浪费，节俭成了吝啬，勇敢成了莽撞，谨慎成了怯懦……有鉴于此，我认为应当有正确的判断，以确认美德的适当行为，而避免堕入相反的恶行。恶行的本来面貌就是丑陋的，人们头一眼看到即会感到震惊，因此只要它们最初未戴上美德的假面具，对我们几乎就没有诱惑力。然而，美德的形象是如此之美，头一眼见到它们就会让人感到它们的魅力，促使我们日甚一日地去接近它们，认为其他美好的东西再也不可能超越。这时，就需要有正确的判断来指导。就拿高深的学问来说，如果缺少智慧的判断，就会常常导致错误、迂腐或墨守成规。

有些有学问的人炫耀自己的才学，夸夸其谈，不能解决实际问题。人类常常因此遭受压迫而无能为力，甚至为摆脱专制去诉求权威性可疑的法律手段。你的学识越多，越应谦虚，谦虚是矫正虚荣最可靠的途径。就算你十分肯定，也宁可有几分怀疑；可以提出异议，不必断然否定；要想说服别人，首先要自己确信无疑。

还有一类炫耀才学的人，其实只会读死书，谈起古代的事来滔滔不绝，却对现代的新知识知之甚少。他们只会套用古老的训诫，不解决现实问题，在此以前的17个世纪都是这种状况。我不是劝你抛开历史，而是要你不拘泥于历史。讲到现代，不要轻视；讲到古代，也不要缺少崇敬。按价值来做评判，而不是凭年代是否久远。

有些大学者十分荒谬，他们引经据典，将古比今，他们没有想一想：首先，自从开天辟地以来，从来不会有两件完全相同的事情；其次，历史上所讲的故事从来不说明当时当地所处环境的每一个细节，必须明了这些才能作出分析。有时，两个案例看起来十分相近，但也只能拿来作为参考，而不能当作行动指南。由于我们受到的教育会产生偏见，所以古代人看作是英雄的人，在我们看来是疯子。

总而言之，你要记住，学问（我指的是有关希腊、罗马的学问）很有用，如果不能掌握，是大可感到羞惭的；同时必须十分注意避免我所讲到的滥用、错用。你还须记住：现代知识比古代知识有用得多，重要得多；你应更完整地了解现代的欧洲，而不是花太多的精力于古代的欧洲上，当然，但愿你对二者都很熟悉。

真知灼见

切斯特菲尔德伯爵对任何事物和现象不仅有着极为敏锐的洞察力，还一直在进行极为深沉的思考，从多方面、多角度去理解与认识。

伯爵希望爱子努力钻研学问，但同时他更告诫爱子，学问亦有其同源的缺点和恶行。做学问要把握一个度，如果不把学问用于实际生活，而只是作为炫耀的资本，那么这样的学问没有任何作用，且让人觉得你只是夸夸其谈、爱慕虚荣。

还有一点更可怕，就是滥用和错用学问。将学问做成了死学问，试图用习得的学问去硬套不同时期、不同情境下出现的问题，其结果是解决不了这些问题，甚至产生错误及更可怕的后果。学问必须根据现实进行灵活变通，这就成为活学问了。所谓实事求是、与时俱进，这才能用学问去解决问题。

一方面，我们应该通过学习，努力掌握更多的学问；另一方面，又要适可而止、以正确的方法去运用学问，这才是对待学问应有的态度。

还有一点，现在很多人把学问作为自己求取名利的手段，也是不可取的。求取学问的目的是利于自己，更要利于别人，利于社会和国家。

快乐阅读

李德指挥打败仗

李德（1900—1974），原名奥托·布劳恩，出生于德国，第一次世界大战期间参加德国共产党。

1932 年春，时年 32 岁的奥托·布劳恩从苏联伏龙芝军事学院毕业，两周后紧急受命，被共产国际执委会派往中国。1933 年 9 月，李德获准以共产国际军事顾问的身份来到苏区。虽然怀有帮助中国人民的良好愿望，但是他错误的干预、指挥却给中国革命事业造成了重大损失。

1933 年 9 月，苏区第五次反“围剿”打响。中共临时中央负责人博古将红军的军事指挥大权交给李德。这个在苏联伏龙芝军事学院学习过三年、只有街垒巷战经验的顾问，不问中国国情，不顾战争的实际情况，仅凭课本上的条条框框，坐在房子里看地图指挥战斗。

红军在连续作战、十分疲劳、减员严重的情况下，以主力部队采取集中对集中、堡垒对堡垒、阵地对阵地的“正规战”，和国民党对抗，结果处处被动，根据地越打越小。1934 年 4 月下旬，在李德、博古的督战和指挥下，保护中央苏区北大门的广昌大会战在激烈地进行着。国民党军队以十一个师，凭借飞机大炮向广昌城推进。红军调集九个师集中于广昌，以三军团为主力，构筑所谓“永久工事”，准备同敌军进行大规模的阵地堡垒战。结果广昌失守，红军损失惨重。事后，红三军军团长彭德怀怒斥李德：“崽卖爷田心不痛！”

1934 年 10 月，红军被迫开始长征。李德等人又强令部队采取“甬道式”搬家，行动迟缓，部队沿途消极避战，使兵力很快损失了三分之二。

李德滥用、错用军事学问，险些断送了中国革命。好在中共中央及时调整了领导人和决策。不过，李德能够认识错误，他在总结自己指挥的第五次反“围剿”战役时坦荡地说：“我终于明白了，中国同志比我更了解他们在本国进行革命战争的正确的战略战术，我没有根据中国的地理形势、中国人特有的作战传统进行指挥。”

最重要的教育阶段

已隔了三个邮班未收到你或哈特先生的来信，恐怕是邮班出了事故。只要没有听到相反的情况，我就估计你的一切情况都好。此外，我已多次对你说过，比起关心你的身体来，我更关心你在做些什么。你没有写信来，我估计你在做比写信更重要的事情。在你这样的年纪，只要懂得节制，就会保持健康。当然，你需要进行适当的体育锻炼，这将使你更具活力。同时，你应观察有教养的头脑同无教养的头脑的差别。我确信，对于你来说，提高修养不会占去你很多时间，也不会使你感到很难。一名马车车夫也许生就一副好身体，同弥尔顿、洛克或牛顿的身体一样，但是，从文化教养来说，三位巨人远在车夫之上。的确，有时，特殊的天赋是天生的，并非得益于教育，但这种例子太稀少了。这样的人，如果接受教育到了极致，必能取得更大的成就。如果莎士比亚能得到更好的教育，那些我们十分欣赏的美妙诗句中就不会掺杂着常常见到的过分夸张与粗俗的语句。

人们通常在 15 岁到 25 岁之间，因接受的教育不同、交往的人不同，而长成不同的人。因此，你未来的八九年是一个十分重要的阶段，你的前途取决于此。我诚恳地对你说，我的希望与恐惧，都在你身上。我想，你也许会成为一名优秀的学者，那你就必须积累各种各样丰富的知识，但我担心你会忽略那些看似不重要、其实很重要的东西。我所指的是：从容不迫的风度、受欢迎的外表与坚持不懈的韧性，这些是真正的、实实在在的优点，不懂世事的人才把它们看得无关紧要。有人告诉我，你说话时语速很快，语意表达得不是很清楚，这是很不好的习惯，务必加以改正。话要说得很清楚，才能使话语本身更有力量。我认识一些人士发表演说时口齿不清，听众也大鼓其掌，但并非赞赏而是嘲讽。

真知灼见

在切斯特菲尔德伯爵看来，人生最重要的教育阶段是15岁到25岁，这期间接受的教育、交往的人，将决定一个人将来会成为什么样的人。这段时间，也即我们现在中学、大学及走上社会的初期。

的确，处于这个时期的人精力充沛，记忆力强，适合学习知识，但也可能会因阅历浅被人引上歧途。

学习知识固然重要，但伯爵特别强调这个时期个人教养的养成，这种教养即伯爵一向推崇的个人优雅的风度、待人接物的礼仪、出众的口才等。

关于这个时期的教育，伯爵说得好：“但我担心你会忽略那些看似不重要、其实很重要的东西。”从我们的现实生活来看，这些东西包括最基本的生存能力的教育，如生活自理能力、自主意识等。

人生如高楼大厦，这个时期便是基础。基础打牢了，人生大厦才能立稳。否则，人生大厦立不稳，一生可能会过得很糟糕。

记住，人生最重要的教育阶段是在15岁到25岁，努力接受方方面面的教育，别轻视、荒废和错过了这一时期！

快乐阅读

从神童到退学生

1983年6月，小魏出生于湖南省华容县的一个普通家庭。刚生下来两三个月时，妈妈就教他识字。尽管小魏还不会说话，但这种早期教育还是取得了很好的效果。小魏从两岁开始，便创造了一个又一个“东方神童”的“奇迹”。

1985年，还只有两岁的小魏，就会认1000多个汉字。后来，他连小学也只读了二年级和六年级。1991年10月，年仅八岁的小魏进入县属重点中学读书。十三岁时，小魏以高分考入湘潭大学物理系。2000年，十七岁的小魏大学毕业后考取了中科院高能物理研究所硕博连读研究生。

妈妈认为，孩子只要专心读书，将来就会有出息。于是，妈妈将家中所有的家务活儿都包下了，包括给小魏洗衣服、端饭、洗澡、洗脸。小魏在读高中的时候，为了不耽误他看书，妈妈还亲自给他喂饭。后来读湘潭大学时，妈妈也一直跟在儿子的身边陪读，照顾儿子的饮食起居。

来到北京读书后，小魏认为自己已经长大了，便执意不要妈妈陪读，孤身一人北上求学。

身边突然没了妈妈的照料，小魏感到很不适应，竟无法安排自己的学习和生活。有一年冬天，他竟然穿着单衣、趿着拖鞋去天安门逛了一圈，周围的游客像看怪物一样使劲盯着他看。由于长期生活不能自理，并且知识结构不适应中科院高能物理研究所的研究模式，2003年8月，已经读了三年研究生的小魏，被中科院劝退回家。

小魏的妈妈和社会各界都在反思小魏的教育，并对他的教育进行调整，给小魏以帮助，教会小魏适应生活和人群。而今的小魏已成家，过着幸福的生活。

小魏从神童到退学生的经历，确实值得所有家长引以为戒。

重视口才与举止

你讲话发音不清晰的问题常常萦绕在我脑际，我对此十分担心，我会通过这封信以及今后还会写更多的信来谈此问题。

我很感激查尔斯·威廉姆斯爵士告诉我这件事。由于你我的疏忽，致使这种不文雅、不受欢迎的举止如果在这两年多的时间内于你成了习惯，你将会以怎样的形象出现在同伴之中、出现在公众集会场所？这实在使我担心。你读一读西塞罗[1]与昆体良[2]有关演说的著作，看看他们是如何强调演说口才的。西塞罗更强调演说者应有好形象，尤其不能穿得太多，显得身材臃肿。由此说

①西塞罗：古罗马著名政治家、演说家、雄辩家、法学家和哲学家。出身于古罗马的奴隶主骑士家庭，以善于雄辩而成为罗马政治舞台上的显要人物。 ②昆体良：又译作昆提利安，古罗马修辞学家、教师，著有《雄辩术原理》。

明他很了解人们的心理，了解形象与风度对一个人来说有多么重要。男人（女人也一样）常常是被感性而不是被理性牵着走的。感性是通过感官获得的，只要看着顺眼，听着顺耳，大功便已完成一半。我认识不少人，都是因给人留下了美好的第一印象而踏上了人生坦途。只要见到的这个人很顺眼，人们就匆匆忙忙地自觉自愿地把他当成一个很有本事的人，其实这个人并不见得真有本事；反过来说，如果对一个人看不顺眼，人们立刻会对他产生偏见，认为他没有本事，而此人也许很有本事。这种情况时有发生。所以，如果一个人确有才华，他一定要明白口才流利、谈吐文雅对他有无限好处，一定要用心锻炼，臻于完善。

你的形象好，发音器官没有缺陷，你的举止妥当，只要你愿意，你的演说也会很有风度。如果不是这样，那么，我也好、世人也好，都只能认为你缺少才华。看看舞台上的演员，你就可以知道了，那些最有学识的演员，朗诵得最好，尽管也许他们的嗓音并不是最好的。他们说得很平稳、很清楚，适当的地方加以强调。如果演员的台词不能使我们立刻领会它们的意义，那么一定是他说的台词含混不清，观众既听不清也不想去弄懂。我真心诚意地对你说，我将以你讲话的好坏来判断你的才华高低。你可以每天对哈特先生大声讲话，让他来帮助你纠正一切不恰当的地方。你还可以自己高声朗读，用你自己的耳朵来判断好坏。

除了讲话的语速，雍容华贵的举止和优雅的风度也非常重要。人们很看重这些。有人告诉我，他最近见到你动作不雅，不修边幅，我深感遗憾。如果你继续这样下去，等你也觉得遗憾时，恐怕为时已晚。举止粗野是非常不友好的表现，而忽视穿着且不合时尚，会使人觉得不恭敬。为此，你应当留意你的着装，留意动作的文雅，切勿养成忽视这二者的不良习惯。

真知灼见

与一个人初交，看他的行为举止，听他开口说话，可能会决定别人对他的喜恶，会影响他为人处世的成败。因此，口才和举止非常重要。一如切斯特菲尔德伯爵所说：“感性是通过感官获得的，只要看着顺眼，听着顺耳，大功便已完成一半。”

口才需要锻炼。有些人在稍大一点的场合发言就会紧张，甚至忘词，说不出话来。但若大着胆子说几次，那种紧张感就会慢慢消失。因此，敢于说话是非常重要的。举止需要注重，在家可以衣着随便，不修边幅，但若出门，还是应该注意一下自己的形象，衣着应该得体，行动应该优雅。这是对别人的尊重，也是从别人那里获得良好形象的重要环节。

对于自己的说话与举止，需要时时加以检点。倘若听之任之，满嘴脏话，举止粗鲁蛮横，时间一长就形成不良习惯了。

林肯为人打官司

亚伯拉罕·林肯，1809 年出生于美国肯塔基州一个贫苦的家庭。林肯当过雇工、石匠、店员、舵手、伐木者等，一直处在社会底层。

林肯非常羡慕那些在礼堂或街头滔滔不绝的演说家，把成为一名演说家作为自己的理想，从而一直在努力训练自己的口才。十七岁时，他常徒步几十千米到镇上，听法院里的律师慷慨激昂地辩护，听传教士情真意切地布道，听政界人士充满激情地演说，回来后就寻一无人处精心模仿演练，终于口才大有进步。

1836 年，林肯因为具备较好的口才，开办了一家律师事务所。

1837 年的一天，一位在美国独立战争中阵亡的士兵的妻子来找林肯，哭诉一位抚恤金分发员在她领取 400 美元的抚恤金时，竟苛刻地勒索 200 美元的手续费。林肯听后非常气愤，决定替老妇人打官司，索回手续费。

在法庭上，因那抚恤金分发员是口头勒索，且拒不承认，而老妇人没有证据，形势对老妇人很不利。这时，林肯缓缓地站起来，以真挚的感情述说独立战争前美国人民所遭受的深重苦难，述说爱国志士怎样忍饥挨饿地在冰天雪地里战斗，洒尽最后一滴血。讲着讲着，突然间他的情绪激动起来，锋芒直指那个分发员：“现在事实已成陈迹。当年的英雄早已长眠地下，可是他那老而可怜的遗孀还站在我们面前，要求为她申冤。这位老妇人从前也是位美丽的少女，曾经有过幸福的家庭生活，不过，她已失去了一切，变得贫穷无依，不得不向我们——享受着先烈争取来的自由的我们请求援助和保护，请问，我们能熟视无睹吗？”

在场的人被林肯的话打动，有的洒下同情之泪，有的走过去撕扯被告，有的当场解囊捐款。在听众的一致要求下，法庭通过了保护烈士遗孀不受勒索的判决。

后来，林肯成为美国第 16 任总统，在任期间主导废除了美国黑人奴隶制。

读书要用心思考

当得知你利用晚上的空闲时间阅读梅布莱牧师写的《欧洲公法》时，我很高兴。这是一本很有用的书，清晰地叙述了欧洲事务，从《明斯特条约》至今。你务必仔细阅读，必要时可对照地图看。布让的第三卷介绍交战双方与协约方的某些观点，能使你获得对《明斯特条约》的正确概念。奥地利王室在订立《明斯特条约》之前，企图通过战争获取帝国中的绝对权力。法国的意图是削弱、瓦解奥地利王室，使它无法同波旁王室抗衡。瑞典则想占有更多的领土，解决本国的日常供应问题，并且瑞典在奥地利王室同联邦之间可起到制衡作用。布兰登堡王室想在冲突中逐步向外蚕食，扩张边界，最终达成一笔好交易，使九个或十个主教管辖区非教会所有。

于是我们可以追溯自《明斯特条约》以来，奥地利王室的衰败、波旁王室的崛起与布兰登堡的扩张。

你对法国自《明斯特条约》以来所作所为的评价，是非常恰当的。我发现，你不仅读书，而且用心思考。你应继续运用此种读书方法，不要完全信服作者的权威；要用自己的头脑来思考，要考虑历史事实是否还有另外的可能，考虑结论是否恰当；要参照不同作者对同一史实的不同观点。历史学家指出某个历史事件的经过与原因，你应思索该历史事件所涉及的各方人物及利害关系，看是否符合历史学家所述。你是否能找出其他更为可能的原因，在进行此种考量之时，切勿轻视某些历史上的大人物在事件背后的细小的动机。因为，人性很复杂，前后不能始终如一；感情多变，意图波动不定；身体的偶然情况也会影响思绪。今天的我不同于昨天的我，也许也不同于明天的我，人的性格并非是一成不变的。最优秀的人有时会做坏事、渺小的事，最坏的人有时会做好事、伟大的事。

真知灼见

切斯特菲尔德伯爵非常重视爱子读书，在家书中经常指导他读书之法。

在这封家书里，伯爵肯定了爱子的读书方法，即“不仅读书，而且用心思考”。

现代人读书，目的各不相同：或为消遣，或为应付考试，或为获取知识学问，或为提高修养……无疑，前两种读书都是低层次的。

苏联文豪高尔基说：“书籍是人类进步的阶梯。”读书不仅是个人的事，人们读书的习惯、多少、方法、目的，也可以作为衡量一个国家、一个地方文明进步的标尺。

有的人读死书，书从眼中过，在心中什么也没留下，或者留在心中，却毫无用处，这样读书是不可取的。读书必须讲究方法，要通过读书，从书中汲取丰富的营养。

读书，并且用心思考，是一种极好的读书方法。只有通过思考，你才能真正掌握书中所写的这些知识，并产生自己的观点。

古人说“开卷有益”。开卷，并时时能从书中收回自己的目光，对所读的内容加以思考和识别，如此开卷才能真正有益。

快乐阅读

马克思读书

卡尔·马克思，德国人，马克思主义的创始人之一，第一国际的组织者和领导者，马克思主义政党的缔造者之一，全世界无产阶级和劳动人民的革命导师，国际共产主义运动的开创者。

马克思学识之渊博，读书之广泛，是极少有人能与之相比的。他不仅以毕生精力研究政治经济学、哲学、法学、历史学和社会学等学科，而且还酷爱文学，阅读过大量的诗歌、小说和散文。

无论是在巴黎、曼彻斯特，还是在伦敦，马克思总是见到图书馆就钻。伦敦的大英博物馆图书阅览室里，至今保留着一个当年马克思每天去看书的“专座”，在专座的地面上，留下了明显的脚印，成为马克思当年刻苦研究学问的历史见证。

马克思读书，非常注重思考，通过自己消化、吸收，把自己的思想融入其中，将书上的知识化为自己的东西。马克思把欧洲当时所有经典著作大致都读通了，他没有拜服其下，而是站在这些经典之上，又站在时代的高度以审视的眼光加以俯瞰，所以站得高，看得远。可以说，马克思读书已经达到一个相当高的境界。

尽管马克思的记忆力惊人，但书中大量的信息和自己思考的结晶，还是很难一时全部理顺，因此，他养成了一边读书、一边思考、一边做笔记的习惯。为写作《资本论》，马克思研究了 1500 多本书，光笔记就记了 100 多本。马克思的笔记本不少是自己制作的。通常的做法是将一沓白纸一折为二，然后在中间缝上一道线。在封面上写明做笔记的时间和地点，编上序号，有的还加上标题。笔记记得密密麻麻，上面还有用铅笔、钢笔作的粗细实线、虚线、“X”和“+”等各种记号。为了方便查阅，马克思还为许多笔记编制了目录和内容提要，然后放到特定的地方，需要时不用翻找，随手就能抽出来。同时马克思还在书上直接做笔记。

马克思的主要著作有《资本论》《共产党宣言》等，对人类社会的进步与发展产生了深远的影响。

要善于使用金钱

亲爱的孩子，我收到你12月31日的来信。你感谢我送给你的礼物（如你所称），你的感谢超过了礼物的价值；而你向我保证要很好地利用它，则是我所愿得到的谢意。要注意书籍的内容，忽略它们的外表，这是一个有见识的人同他的书籍间应有的关系。

现在，你正在进一步踏入社会，借此机会，我想谈谈你未来的经费。为了你的学习与合理娱乐的需要，我既不会拒绝也不会嫌恶你向我要钱。在学习方面，购买最好的书籍，聘请最好的教师，花多少钱都可以；另外，食宿、雇车、买衣服、雇佣仆人等费用，不论你去什么地方，也都是必需的。

在合理娱乐方面，据我所知，首先是适当的慈善活动；其次是购买礼物送给你必须感谢的人或你愿意感谢的人；再次，同友人来往的费用，观剧、游览、小小的享受、为应酬来点小输赢的牌戏，等等。有两种情形我是不会给你钱的：一是纵情声色，二是挥霍浪费。一个愚蠢的人任意挥霍金钱，毫无价值，对他本人毫无好处；有见识的人连一个先令也不会浪费。前者买一堆并不需要的物品，而必须购买的东西反倒不肯花钱。他无法抗拒玩具商店的魅力，无法抗拒鼻烟壶、怀表、手杖等的魅力。他的仆人和采购员欺骗他，中饱私囊。突然之间，他发现连购买生活必需品的钱也不够了。

你应尽可能用现金购物，避免赊账。你要亲自付钱，不要由仆人去付账。必须开账单时（如买肉与饮料、做衣服等），应当由你亲自每月结清。不要只因为一件东西便宜就买下来，还认为自己很节俭，其实你根本不需要它。或者，因为这件东西价格昂贵，所以为了愚蠢的炫耀而买下它。把你收到的钱、花去的钱，都用账本记下来，因为谁也记不住钱的来去。我不是说把每个先令、半个克朗都记下来，这些小钱不值得费时间去记，不值得浪费你的墨水。

要记住：关于节俭，同生活中的所有问题一样，对于不同的事情要能正确区分轻重缓急。头脑清醒的人能看清事物的真实形态；头脑不清醒的人是用放大的媒介——放大镜来看，一只跳蚤能看成一头大象，所有的小东西都放大成大东西，而大东西反倒看不见了。我见过不少人，花一个、两个便士都要踌躇再三，可是在对他至关重要的事情上却不懂得去花钱。一个聪明的人懂得这些界线。

真知灼见

我们很小的时候，父母偶尔会给些零花钱。高中毕业后考上大学，离开父母独自生活，父母会给我们很多的钱，用于各种消费，且必须自己作主。学会花钱，管理金钱，其实也是一门学问。

生活中这样的事例委实太多：两个人从事相同的工作，获得相同的报酬。其中一个人善于理财，每年都有所积蓄，若干年下来买了房子，过上了幸福的生活。而另一个人有点钱就花掉，用于赌博、吃饭、购买各种时尚用品，后来觉得需要买房时，才发现自己毫无积蓄，日子过得一塌糊涂，别人也瞧不起他。

应该如何花钱？切斯特菲尔德伯爵的这封家书，可以为我们提供些参考。

在伯爵看来，首先，上学期间，用于学习的消费，花多少都可以。其次，用于慈善活动、人际交往、适当娱乐，都是合理的开支。而纵情声色、挥霍浪费，就属于不合理的开支。

伯爵特别谈到节俭时说不是舍不得花钱就是节俭。节俭是要尽可能合理地花钱，也就是伯爵所说的“要区分轻重缓急”。不该花的钱决不花，而在至关重要的需要花钱的地方，则需要放开手脚去花，这个界线要懂得。在生活中，不论何事，一分钱也舍不得花的人，就成吝啬鬼、守财奴了。

快乐阅读

陈云为国理财

一个人需要理好财，一个家庭需要理好财，一个国家更需要理好财。

老一辈革命家陈云就是一位理财高手，从抗战时期就负责陕甘宁边区的财政工作，被誉为“红色掌柜”。

当时，棉花是陕甘宁边区需采购的重要物资。国民党一面向棉农催收贷款，一面压低价格强制征购。边区要打破国民党的棉花封锁，必须想办法争取棉农、棉商的支持。为此，陈云领导财经部门采取“高价招远客”的策略予以应对。这样，在边区棉花高收购价的吸引下，国统区的棉花源源不断地流向边区。就连不少国民党官兵也偷偷地背棉花换钱补充伙食，成了边区的运输队。仅两个月时间，边区就收购棉花百万余斤，成功地打破了封锁。

中华人民共和国成立之初，陈云被任命为政务院副总理兼政务院财政经济委员会主任，继续主持财政经济工作。

1962 年初，粮食不足的矛盾十分尖锐，很多人吃不饱肚子，营养不良。2 月 26 日，陈云在国务院各部委党组成员会议上提出城市居民每人每月供应 3 斤大豆。他算了一笔账，每人每天最低需要 70 克蛋白质，1 斤粮食含蛋白质 45 克左右，1 斤蔬菜约含 5 克蛋白质，而 1 两大豆就含 20 克蛋白质。实行这个办法，每年需要向城市居民供应 15 亿公斤大豆，这是可能的。在缺少肉类和蛋品的情况下，用大豆补充营养，是一个比较可行的办法。陈云又提出增加捕鱼量和保证猪的收购，给 6000 多万大中城市的居民平均每人每月提供半斤鱼和半斤肉。他计算过，通过这些办法，一个五口之家每个月就能买到鱼和肉各 2.5 斤，对增加营养能起到很大的作用。陈云想出的这些应急办法，保证了群众生活的基本营养需要，从死亡线上挽救了大量的生命。

陈云善于打“大算盘”，也善于打“小算盘”，自家过着非常节俭的生活，他去世时，仅留下两万元稿费及不多的遗物。

区别好坏，好自为之

此信我直接寄给你在威尼斯的银行经纪人，这是个可靠的人。我估计，也许信要比你早到数日。这个季节的东风不稳定，因此我不再往维也纳寄信。你同哈特先生到维也纳后将会分别收到我已写去的信。给你的信中附有给卡佩洛先生的介绍信。我估计隔岸欧洲大陆的邮局对你不公道，因为在你逗留在柏林的日子里，我只分别收到你和哈特先生各一封信。

我相信，你在威尼斯利用时间充分地去看了那里值得一看的东西，并与人交谈，不单是谈该城的西洋镜，还谈政府的体制。为此，此信中附有詹姆斯·格雷爵士所写的一封介绍信，他是我国派往威尼斯的驻外公使，目前在国内。

但是，最重要的地方还是都灵，我建议你在都灵多待一些时日。那里对你将是一个全新的舞台。在那里，你会遇上比你聪明、比你谨慎的人，也会遇上坏的榜样。都灵学院里都是和你年纪相仿的年轻人，有些人懒惰贪玩，对学习漫不经心，有些人生气勃勃，勤于钻研。我相信你能区别好坏，好自为之。同时，为了更加安全起见，我已嘱咐哈特先生，一旦他发现你出现饮酒、赌博、偷懒或不听他的话等情况，他就会把你带往一个地方（我已向他指出）。我建议你在都灵至多停留一年。好好利用这一年的时间，如像在莱比锡时那样就足够你提高自己，收到很好的效果。但如果你受到坏榜样的影响或引诱，你将毁了自己。你应当拿出事实来证明你值得我爱，如果你不值得我爱了，你将受到我的惩罚。对此，你不必怀疑。我要公正地事先告诉你，我会根据什么来判断你的行为——那就是哈特先生给我的报告。我确信——我再说一遍：我深信他除为你好、对你一片好心外，别无他意。我相信，你肯定也认为他的判断力要胜过你。如果他对你满意了，我也会对你满意；无论何时，他对你不满意，我将对你更不满意。他有抱怨的话，你必定有错，我丝毫不会看重你的辩解。

现在，我来告诉你，你在都灵应该做什么。首先，每天上午你要研读古典著作，哈特先生让你读多长时间你就读多长时间；

其次，要学好骑马、跳舞、击剑；再次，学好意大利文，直到精通的程度；最后，同最优秀的群体度过夜晚。你必须遵循学院安排的时间。如果你能这样在都灵度过一年，我对你别无他求，你要什么我都会给你。此后，你将成为自己的主人，我不会再用权威来压服你，你我将成为朋友。

真知灼见

切斯特菲尔德伯爵对爱子关爱有加，心里头装着爱子，家书时传，关心爱子身体、学习等方方面面。但他不溺爱孩子，在关爱孩子的同时，还对孩子提出了严格的要求。正是这样，才有了这么多动人、具有深刻教育意义的家书。

伯爵非常重视爱子的交际，认为交际对一个人的影响极大，有许多家书都是关于这方面的内容。不光是在都灵学院，在任何地方，人都是极其复杂的，择善交往非常重要。与好榜样相交，你就会积极向上；被坏榜样诱惑，则极可能走向歧途，甚至毁灭自己。

因此，一个人不论在什么地方，都要善于区别好人与坏人。一个人身上也有好的一面和坏的一面。我们当如孔子所说：“择其善者而从之，其不善者而改之。”

“如果你不值得我爱了，你将受到我的惩罚。”从这些话的语气里，不难看出老伯爵对爱子的严厉要求。这种警告对其爱子的成长，无疑也是极有益处的。

这封家书中多次提到哈特先生。作为爱子的委托监护人，老伯爵对他极其信任。朋友之间，这种可以托付的信任也难能可贵，同样是家书中非常动人的地方。

快乐阅读

马云和他的偶像

2013 年，在第二届阿里巴巴网商大会上，马云当着杨致远的面，称其为“偶像”。的确，没有杨致远，马云的人生可能不是这样。

杨致远，1968 年生于中国台湾，全球知名互联网公司雅虎的创始人，原首席执行官，1994 年与大卫·费罗创办雅虎。不到三年时间，杨致远的身价就超过了 1.5 亿美元。

1995 年，马云在美国第一次接触互联网，第一次看的网站就是雅虎，并在网站“偶遇”杨致远。随后，杨致远成了马云的偶像，马云则成了杨致远的“粉丝”。1997 年，杨致远携家人来中国访问，机缘巧合，当时上级安排马云作为翻译接待杨致远，他们俩相见恨晚，一同游览了北京长城，预测了中国互联网的未来。这对马云启发很大。

2005 年，马云的事业蓬勃发展。他到美国加州参加一个峰会时，和杨致远再次相见，饭后他们还相约一起去散步，此次闲谈中他们不谋而合都认同搜索引擎的重要性。两个星期后，《财富》论坛在北京举行，马云和杨致远、蔡崇信进行了一次深入的交谈，三个人同时感觉到他们有相同的价值观和文化认同。此时，淘宝网正和世界网购巨鳄 eBay 厮杀正酣。雅虎高层也不太认同淘宝网开始的免费政策，认为淘宝网和支付宝都是亏损的项目。但是，马云超凡的个人魅力以及他对阿里巴巴的愿景最终折服了杨致远，杨致远决定和马云站在一起，一起对抗 eBay!

杨致远花了雅虎账上三分之一的现金投资了 10 亿美元给马云，占了阿里巴巴 40% 的股份。这些股份中的一部分在 2014 年被阿里巴巴以 70 亿美金的代价回购了。剩下的股份如今价值数百亿美元。这部分股份的价值远远超过了雅虎自身的价值，这也是杨致远留给雅虎最后的财富。

每个人在年轻的时候都有自己的偶像，选对偶像，学习偶像，必将获得极大的人生正能量。

我随时在你身旁

我现在已不再为你的健康担忧了，我相信你已康复。从各方面得来的消息说明，我也无须为你的学业担忧了。今后，我们之间的通信，可以多讲些相对不那么重大的问题，尽管仍是很重要的事情，例如：有关世界的知识、礼节、风度、举止以及社交才艺（这些通常被称为小事），其实，为了获得更大成就，这些都是绝对不可缺少的。

如果我有古阿斯[1]的魔戒，戴上它就能把身子隐藏起来；如果

①古阿斯：柏拉图在他的主要著作《理想国》的第二章讲述了一个故事：吕蒂亚国的先祖古阿斯，原先是王宫的牧羊人，老实本分。在寻找一只丢失的羊时，从一个古墓中得到一枚戒指。古阿斯发现戴上这枚戒指可以隐身，于是杀死忠厚的老国王，自己做了国王。

同时我还会另外一些魔法（从前很普通，现在已罕见），例如许一个愿就能使自己到达某个想去的地方，那么，我的第一个旅行目的地就是威尼斯，到那里去察看你，而你却看不到我。首先，我将在你同哈特先生吃早饭的时候，听你们无拘无束、毫无戒心地谈话，从中我想可以很好地判断你的天然禀性。要是听到你在一些很有用的事情上询问一些极其切题的问题，我将非常高兴！其次，我将跟随你去一些团体，观察你以何种姿态出现在有见识、有地位的众人面前，如何应对他们。你的谈吐是否得体，你的风度是否既谦恭又不腼腆。与此同时，我会钻进他们的头脑中去，探知你给了他们何种好印象。最后，我将在夜晚跟随你去参加集会或晚宴，看你是否举止优雅，是否显出好教养，能否很好地展示你的知识与才华。要是我听到别人高声地赞扬你，我会非常乐意现身来拥抱你；如果情况相反，我仍将保持隐身，赶紧回家，因为你令我颜面尽失。

可惜的是，神仙、守护神、精灵……他们拥有的传达神谕的本事，现在已经不存在了，我只能满足于哈特先生写信报告你的情况，或者从见到你的人的口述中获悉你的近况。无论如何，我相信，如果你始终想象我随时在你身旁，听你所说的话，看你所做的事，对你是不会造成伤害的。

真知灼见

读着这封家书，我们可以想象 1749 年 7 月 6 日的伦敦之夜，切斯特菲尔德伯爵在灯下给爱子写家书的情景。

伯爵那么思念爱子，假想拥有一枚古阿斯的魔戒，带着他到威尼斯，去到爱子的身边，察看他的学习与生活情况，或为他的优秀表现而感到高兴，或为他的糟糕表现而深感失望。

但他知道，这些不过是他的想象，他只能从家书或别人的口述中了解儿子的情况。在这封家书里，伯爵以丰富的想象、生动的描写，真切地展现了一个慈父对爱子的关怀、牵挂。

对所有游子来说，远在家乡的父母，在每一个平常的日子，在夜深人静的时候，何尝不像伯爵这样幻想，一颗心早就飞到孩子的身边，为孩子的表现或高兴或忧虑。

无论我们身在何处，请想象父母就在我们身旁，我们能不发奋努力吗？我们能甘于沉沦吗？我们怎能辜负父母的期望？我们应如何报答父母的恩情？

快乐阅读

老莫扎特教子

列奥波尔得·莫扎特是音乐大师沃尔夫冈·莫扎特的父亲，德国人，也是一位作曲家、指挥家、音乐教师和小提琴演奏家，只是名气没有儿子的大。

小莫扎特三岁时，老莫扎特就发现了儿子的天赋，对他进行音乐教育。五岁时，小莫扎特学会了创作短曲，六岁时学会了创作钢琴协奏曲。

为了培养儿子，老莫扎特毅然放弃了宫廷乐师的优越工作，将自己的全部精力用在儿子身上。他每天教儿子学习音乐，照顾儿子的饮食起居，陪儿子散步、锻炼身体，学习文化知识。

在儿子还不满七岁的时候，老莫扎特就带着儿子远离家乡，随身带着钢琴、小提琴和谱架，到德国南部的慕尼黑进行旅行演奏。为了赶路，有时候他们凌晨一两点就得起床，备尝辛苦。之后，他又带着儿子，沿着莱茵河到各地进行巡回演奏，远到巴黎、伦敦等地。在伦敦，小莫扎特开了许多场音乐演奏会，被人们惊呼为“大自然的奇迹”。这次出行历时三年，极大地开阔了小莫扎特的艺术和生活眼界。

随后，老莫扎特又因材施教，两次带儿子乘马车横穿德国的山川、田野和森林，让儿子感受大自然的天籁之音，于是大自然的流水与劲风，都化作美丽的音符，留在了儿子的音乐里。

老莫扎特觉得这些还不够，因为几百年来人们都认为欧洲艺术家要是不去意大利“朝圣”，就没有资格登堂入室。于是在十四岁这年，小莫扎特又在父亲的带领下开启意大利之旅，这次阅历在小莫扎特的音乐生涯中起到了不可估量的作用。

父子俩的共同努力，终于使小莫扎特成为世界上赫赫有名的顶级音乐大师。

为未来奠定基础

上次的信中，我建议你去因斯布鲁克，只因为我反对你去洛桑，我认为去洛桑路程太长，于你身体不宜。不过，你应已发现，在我后来的信中非常赞成你去威尼斯，但愿你已到威尼斯有些时日了，该地非常适合你居住。在此之后，你可以去那不勒斯，然后再去蒂弗或劳巴赫。我特别喜欢去各国的首都，在那里能找到最好的群体，从而才能学到最佳的风度。最好的外省市也总有一些糟糕的地方，与大城市不可同日而语。信中附有两封介绍信供你去那不勒斯使用，系那不勒斯驻海牙的公使菲诺基耶蒂先生所写，下封信还会有另外两封介绍信。

我发现艾因西德兰伯爵非常关注你，使我不安的是，据他说，你不喜欢讲德语，除非对方除德语外根本不会其他语言。如果是这样，那么你将永远讲不好德语。我非常希望你学好德语，到时候你就会发现会讲德语大有好处。谁要是不能掌握某种语言，流利地运用这种语言，他就会显得比交谈的对方低一等，临时寻找词汇将阻碍你的思路。既然你现在已能勉强用德语同人交谈，你就应不放过任何机会来讲德语，直到很流利的程度。你有一个萨克森仆人，又到处可以遇到成群结队的德国人，你完全可以用半天的时间来讲德语。你要记住，在你会用意大利文给我写信以前，都要用德文来给我写信。

哈特先生认为你风湿病尚未痊愈以致影响你的脾气是很有道理的，我也有同样的推测。你必须注意，风湿病很可能在你的血液中留下了脾气不好的影响。你仍应注意饮食，并经常服药，改善呼吸系统。风湿病很可能要回潮，在你这样的年纪，在你旅行期间，重犯风湿病令人烦恼，是很不利的。

现在，你的时间就更宝贵了，一个月应能抵得上一年还多，就是说，你今后还有“二十年”的时间。你现在是为你未来的品质与幸福奠定基础。缺少一块基石，比缺少五十块上层石块的后果更严重。只要基础结实，上层的建筑就可以修补、装饰。

真知灼见

从别人那里听到爱子不喜欢讲德语，这让切斯特菲尔德伯爵有些不满。因此他写来这封家书，要求爱子讲好德语，告诉他学习德语的方法，并要求他用德文给自己写信。

从这封家书中可以知道，菲利普不仅懂英文、德文，还在学习意大利文，其学习之用功、伯爵要求之高可见一斑。

像以往的很多家书一样，伯爵还是非常惦念爱子的身体，少不了再唠叨一番，让爱子加以注意。

伯爵特别叮嘱爱子，还是要节约时间，学有所成。他特别强调年轻时打好基础，将来的人生才会有较高的品质和幸福。

年轻人精力旺盛，思维敏捷，记忆力好，是读书的好料子。须知，读书不是为了升入某所名校，而是为将来打下坚实的基础。因此，在这个阶段多读一些书，多接触些人和事，都是大有好处的。反之，在这个阶段荒废时光，将来肯定一事无成。

快乐阅读

孔凡礼的“竭泽而渔”

孔凡礼是安徽人，当代宋代文学研究专家，苏轼研究专家。

孔凡礼原在家乡的一所中学任教，到北京看病时，恰逢北京三中招聘教师，他顺利考入。在教学中，他对宋代文学产生了浓厚的兴趣，迷恋苏轼、陆游、范成大等人的著作，决心从事宋代文学研究。

那时，孔凡礼已过而立之年，以前接触宋代文学也并不很多，几乎没有什么基础。但孔凡礼矢志不移，甚至作出一个大胆的决定，于 1963 年选择停薪留职，既减去不能担负教学任务而拿取报酬的愧疚，又可全身心地投入研究工作。他从基础工作做起，一头扎进了图书馆。“文化大革命”运动开始，社会上闹哄哄的，孔凡礼每天带着几个馒头作为中餐，在图书馆一待就是一天。

孔凡礼选择的是乾嘉朴学的治学方法，有一分证据说一分话。他形容自己是“竭泽而渔”，即把图书馆中关于宋代文学的书籍通览一遍。他写了二十几本读书笔记和无数学术卡片，总量有几百万字。南宋王象之的《舆地纪胜》22 册，他至少通检了 50 遍，每一遍都有新收获；影印的《永乐大典》202 册，他起码通检了 20 遍；1977 年，他在图书馆中意外发现明钞本《诗渊》25 册，收词七八百首。从中，孔凡礼一举辑得《全宋词》失收的词作 400 余首。

孔凡礼认为，学界很多人冷落图书馆，通过网络搜索来做学问，并引之为时髦，是完全错误的，很容易导致以讹传讹。50 多年来，论在图书馆中度过的时间，孔凡礼恐怕在学者中要名列前茅了。国家图书馆、首都图书馆、北京大学图书馆都留下了他的足迹。他是国家图书馆明代“穴砚斋钞本”《家世旧闻》的发现者，也是中华人民共和国成立后唯一的读者。

正是由于基础打得扎实，所以孔凡礼著述甚丰，有《三苏年谱》《苏轼全集》《全宋词补辑》等20多种千余万字。仅以苏轼为主体的三苏研究，就有著作5部22册700余万字，从而也奠定了他作为“苏学权威”的地位。

必需的高雅的风度

让我们重新开始谈谈人的问题：人的品质、人的风度，总之是人如何立身处世的问题。探讨这些问题会帮助你塑造你自身，并了解别人，这种知识对各种年龄段的人都有用，对你这样的年轻人尤其可贵。似乎没有人关注把这方面的知识传授给年轻人，教师们教他们语言以及各种科学，通常不涉及处世；父母们也如此，至少是忽略了此事，其原因或由于个人爱好不在此而漠不关心，或持一种观点认为让孩子们去社会上闯荡是教育他们最好的方法……后一种想法在很大程度上是正确的，就是说，单凭理论是决不能认识世界的，实践是绝对必要的。但是，毫无疑问的是，在一个年轻人踏进一个充满迷津、曲折、岔路的世界时，至少携带一份由某些有经验的旅行家绘制的地图总还是需要的吧。

有一些绝对必需的高雅的风度，可使最具价值的人物或受到尊敬或使人觉得可敬（即值得尊敬）。

喧腾的嬉戏、不时地哈哈大笑、开玩笑、恶作剧，以及不加选择的亲密关系，将使人受到轻视。这些至多造就一个令人愉快的人，而令人愉快不等于受人尊敬。不加选择地、随意地与他人结成亲密关系，既会使你那些优秀的朋友感到不悦，又会使那些势利小人对你予取予求，永无止境。一个爱讲笑话的人，几近于小丑。这些人同聪明智慧毫无关系。这样的人进入某个团体并非因为本身的价值与风度，而只是想利用这个团体。

我一再同你讲到高雅的风度，完全不是让你目中无人的意思，正如真正的勇敢不同于吹牛，真正的聪明不同于戏谑，二者之间毫无共通之处，没有比目中无人更贬损一个人的人格了。

可鄙的谄媚与曲意逢迎，与任性冲突、胡闹狡辩同样地贬损人格，令人厌恶。只有谦和地坚持自己的意见，由衷地赞同别人的意见，才是高尚的品质。

行为粗鲁，动作与谈吐恶劣，说明此人禀赋低下，或未受过教育，或常与低俗之人交往。

有些人专门对琐碎的事物感兴趣，关注那些不值一顾的小事情，这种人看来干不成什么大事（这么说并非不公平）。

外表严肃、举止得当，会使人显得高贵。脸上常带有得意的傻笑，身体轻轻摇晃，可强烈显示此人的轻浮与无聊。谁要是做事情总是慌慌张张的，说明他干不了大事。慌慌张张与抓紧快干，是完全不同的两码事。

真知灼见

在西方国家，特别是在英国，要求男性在公众交往中注意自己的仪容举止。风姿优雅，能给人留下彬彬有礼和富有教养的印象。此即所谓绅士风度。绅士风度随着英国成为现代文明国家而产生、发展，定型于19世纪中叶维多利亚时代。

随着爱子逐渐长大成人，伯爵开始教导他成为合格的绅士。如何成为一名合格的绅士？什么是高雅的风度？伯爵在这封家书中给出了答案。这里再总结一下：

一、不随便嬉戏、哈哈大笑、开玩笑、恶作剧，以及不发展不加选择的亲密关系；

二、不谄媚与曲意逢迎；

三、严禁行为粗鲁，动作与谈吐恶劣；

四、不要过分关注不值一顾的小事情；

五、外表严肃，举止得当。

中国传统文化对高雅的风度或有不同的解释和要求。在东西方文明同时发展而消除隔阂的今天，西方文化要求的这种高雅的风度，是值得我们学习和借鉴的。

快乐阅读

杰斐逊的风度

托马斯·杰斐逊，美国第三任总统，同时也是《美国独立宣言》的主要起草人，与华盛顿、本杰明·富兰克林并称为“美利坚开国三杰”。

杰斐逊的父亲是个烟草种植园主，家境较为殷实。杰斐逊 14 岁时父亲去世，留下了一大笔遗产。后来，杰菲逊到威廉斯堡的威廉与玛丽学院学习，威廉斯堡是座繁华的城市。最初，杰斐逊受到这里浮躁享乐风气的影响，但他固有的自知之明使他感到：放纵会使自己堕落。他全身心地畅游在知识的海洋里，每时每刻都与书籍为伍，学习异常刻苦，总是天刚亮就起床晨读，常常半夜才入睡。

那时的杰斐逊身材修长，一头红发，淡褐色的眼睛炯炯有神，穿着虽然随意，但整洁大方。他待人平和亲切，情趣高雅，学富五车，爱好也十分广泛，以至于有人认为杰斐逊的才情比他的政治能力更为突出。除人文社会科学外，建筑学、收藏学、农学、机械工程等，无不引起他的关注，他还经常参加射击比赛，到剧院看戏，闲暇时则拉拉小提琴。这段时期他还养成了锻炼身体的好习惯，经常在野外和林中独自散步，坚持洗冷水浴，他把自己终生未患感冒归功于此。

这些注重外表、兴趣广泛、热爱学习、注重锻炼的良好习惯，使他一生保持着高雅的风度和品质。他后来当选总统，与这种风度和品质不无关系。

1809 年，杰斐逊从总统的位置上退下来，居住在蒙蒂塞洛，住进了自己设计的房屋，晚年致力于研究建筑工程、哲学、古生物学和自然科学，创办了弗吉尼亚大学。

杰斐逊不忘教育子孙追求这种高雅的风度和气质。有一天，杰斐逊和他的孙子驾着马车出去。在路上，他们碰上一个陌生的奴隶脱帽向他们行鞠躬礼。杰斐逊举起帽子还了个礼，但他的孙子忙着和别人说话，没有理会那个奴隶。杰斐逊严肃地说："托马斯，难道你还不如一个奴隶有绅士风度吗？"

切勿心不在焉

亲爱的孩子，如果我相信世界上真有爱情药水，我会怀疑你必定给了查尔斯·威廉姆斯爵士一些，他讲起你来，神采飞扬，不仅当着我的面，而且对别人谈起你时也那样。我不想对你重复一遍他所讲的，说你的学识如何广博，因为你听了或许会骄傲起来，或许会使你认为自己已有足够的学问，没有人能比得上。你可以轻易地想象到，我向他询问了许许多多的问题。关于你的性格与学识方面，他的介绍使我十分满意，但他也观察到了你在谈吐、风度、仪表方面的情况，我就不怎么满意了。他说，你在团体活动中，常常是最惹人注目的，你显得漫不经心，态度随便，心不在焉；你进入大厅做自我介绍时，非常局促不安；你在餐桌上总要掉刀叉、掉餐巾、掉面包，等等。你忽略衣着、外表到这种程度，像你这样年龄的青年是不可原谅的，尤其对你来说，更加不可原谅。

这些事情，对于未涉世事的人来说，似乎都是些小事，其实并非小事。我在这方面总不放心你，因此一再劝诫你。我可以直率地告诉你，在我未听到别人有完全不同的说法以前，我是会坐立不安的。参加集体活动，没有比心不在焉、漫不经心更得罪人的了。这无疑表明你对大家的轻视，而人们从不宽恕那些轻视别人的人。从我来说，我情愿同一个死人做伴，也不愿同一个心不在焉的人做伴。因为，死人虽然不会使我快乐，但是至少也不会显出轻视我；而一个心不在焉的人，始终默默无言，十分明显地表示他认为我不值得他重视。此外，一个心不在焉的人还能注意观察周围人的不同性格、风度与习惯吗？不，他在一生中也许会参加许多优秀人物的集体活动（如果他们接纳他的话；而如果我是他们，我是不会接纳他的），他将一无所获。

我决不会去同一个心不在焉的人交谈。我要给你一个警告：我们见面的时候，如果你身在心不在，我会立刻抽身走开，不可能再留在房间内；如果你在餐桌上一再掉刀叉、掉盘子、掉面包等，或者切割一只鸡翅要费上半小时，或者你的衣袖跑到别人的盘中去了，我一定会立刻站起身来离席而去。我期盼你所有的动作都显得优雅，尤其谈吐不俗使人乐于倾听；我期盼你衣着整洁入时。我坦率地对你讲，如果我见不到这些，我们之间就不必多交谈了，以免损害我的健康。生活中常有这样的事：一个人即使有真正的价值，学问很大，也会因缺乏风度而不受人尊敬。

我很高兴你安全地收到了钻石扣子，你可以把它们装饰在你的鞋上，不要让袜子挡住。如果有了这样的装饰，让你看起来像个异乎寻常的纨绔子弟，我将感到遗憾。不过，我断言，你宁可被看作纨绔子弟，也不愿被人看作一个邋遢人。

哈特先生告诉我，你在病愈后长高了许多。如果你现在已有 1.73 米，甚至 1.75 米，你会有一副好身材，再加上穿着好些，仪态好些，就会大受欢迎。这些方面对一个人的好处，普通人是想不到的，大思想家培根勋爵把这称之为“一封介绍信”。

真知灼见

有客从都灵来，切斯特菲尔德伯爵急切地询问起爱子的情况，从学习到日常生活。当得知爱子有心不在焉的习惯时，伯爵心里明显不高兴了。对他来说，心不在焉，是不可原谅的错误行为。他必须立即写信给爱子，让他彻底改正这一行为。

我们不难看出，伯爵对待爱子是极为严厉的，甚至有些苛刻。他说到，宁可与死人待在一起，也不愿和心不在焉的人待在一起。他警告说："我们见面的时候，如果你身在心不在，我会立刻抽身走开，不可能再留在房间内。""我坦率地对你讲，如果我见不到这些，我们之间就不必多交谈了，以免损害我的健康。"这些话，似乎有点不近情理。可见，伯爵对爱子绅士风度的培养，是多么重视和严格。

中国有古话："养不教，父之过。"话语愈严厉，展现的是伯爵心中愈深切的爱。

当你读过这封家书，扪心自问：对于伯爵提出的要求，你做到了多少？你又可曾知道，如果你能做到仪态端庄、风度高雅，无疑给别人递上了一封推介自我的"介绍信"。

快乐阅读

淳于髡见梁惠王

淳于髡，战国时期齐国人，博闻强识，能言善辩，多次用隐言微语的形式讽谏齐威王，使齐威王居安思危，革新朝政，还多次以使节的身份周旋于诸侯之间，不辱国格，不负君命。

有人把他推荐给梁惠王。梁惠王求贤若渴，两次接见他，可是淳于髡只是笑笑，一句话都没有说。

梁惠王觉得很奇怪，就责备推荐的人说："你夸赞淳于髡，说他的才能连管仲、晏婴都比不上，可是他两次见我时，连一句话也没有说。难道他不愿意和我谈话吗？"

这个人把梁惠王的话转告给淳于髡。淳于髡说："我第一次见大王，他的心思在良马上；第二次见大王，他的心思在歌声上。他的心思不在我这儿，我怎么能说话呢？"

梁惠王听到这话后，吃惊地说："淳于髡真是圣人啊！第一次他来，有人献良马，我正要去看；第二次他来，有人在引吭高歌，我正要去听。我虽然让左右退下，但心思确实在那些事情上面啊！真的有这回事！"

由此可见，淳于髡是一个聪明伶俐、善于察言观色、不卑不亢的人！

于是梁惠王第三次召见淳于髡，他们畅谈了三天三夜，都没有感到疲劳。梁惠王从淳于髡的交谈中，得到许多治国之道，深感相见恨晚。梁惠王想请淳于髡担任卿相，可是淳于髡谢绝了。梁惠王就赐他车马玉帛、璧玉黄金。

梁惠王差点因为自己的心不在焉，错过了向淳于髡讨教的机会。

抓紧利用你的时间

我亲爱的孩子，新年有一种习俗——在祝贺的名义下大讲一些客气话与无害的诺言。人们相互表达平常少有的愿望，展露平时少有的关心。你我之间不必如此，真诚是容不得虚情假意的。

…………

我感到非常满意。我确信，只要你抓紧利用你的时间，你一定可以成功。上午你应勤奋地聆听哈特先生的讲授，中午时可以出去观光，晚上同人们交谈。我希望，你在身体与心理方面，都没有那种懒惰、迟钝的禀性。罗马不像英国和巴黎那样追求时尚，几乎半天时间都被吃喝侵吞掉了。所以，你在罗马有足够的时间安排好一切。如果有偶然事件，不得不用两三个小时来做某件该做之事，那么，只好借用你的睡眠时间了。每天睡六个小时至多七个小时就够了，再多睡，人就会变懒，会更容易打瞌睡，二者都将使人变蠢，有害身心健康。

如果碰得不巧，你有事情或娱乐活动，直到凌晨四五点钟才休息，我建议你次日仍在往常起床的时间起来，如此方可不致耽误上午的功课，而欠下的睡眠可促使你次日晚上提早上床。这是针对你们这样的青年人的十分明智的建议。我可以告诉你，我一生中最爱好娱乐的时期就是这样做的。我常常清晨六点上床，八点起床，这样我就比同伴们多找回一些丧失掉了的时间；而缺少睡眠又促使我次日（最迟第三天）早早上床，美美地睡上一觉。我就是靠这样的办法赚来许多学习时间的。从二十岁到三十岁，如果不是同伴们还在酣睡时我就起床的话，就没有多少时间读书了。

明白了时间的宝贵，就必须抓住它、抓紧它，充分利用每一分钟。今日事今日毕，决不能拖到明天。这正是著名的、不幸的维特阁下的规则，他严格执行这一规则，才使他不仅能为共和国尽心服务，而且能在晚上参加集会、参加晚宴，从容不迫，似乎他白天什么事情也没有做，什么问题也没有想。

真知灼见

人生在世，不足百年光阴，除去吃饭、睡觉的时间，再减去一些用于应酬、娱乐的时间，真正属于自己干些事业的时间，委实太少了。有的人善于利用时间，抓紧时间做事，一生有成；有人则相反，把时间用于玩乐，或消耗于一些毫无意义的事情上，最终一事无成。

这是一封新年贺信，切斯特菲尔德伯爵对儿子没有假意的客套，只有真诚、严厉的父爱，希望爱子抓紧时间完成学业，完善自我。他甚至对爱子一天的生活都做出了安排——上午学习，中午观光，晚上交际。他以自己和维特的经历，来告诫爱子合理安排时间，特别是赚取更多的学习时间。

的确，在学校里的时光，正是用功读书之时。学校制定了时间表，自当严格遵守。而假期或者走上社会后，有很多属于自己的时间，就需要自己做出合理的安排并严格遵守。有志者必定有着自己的时间表，惜时守时，努力不懈，从容地完成自己要做的事情。相反，无志者放任自我，任时间流逝，或者不善于安排时间，东一榔头西一棒子，什么事情也做不成，空叹息年轻不再，老之将至。

伯爵也不像我们现在的某些父母，要求子女将时间全部用于学习，这是不科学的。适当的健身、娱乐、交际，不但有益于人的全面发展，对学习也是大有裨益的。

伯爵对于时间的安排，值得我们借鉴。

快乐阅读

康德的时间安排

伊曼努尔·康德，德国哲学家，德国古典哲学创始人，其学说对近代西方哲学产生了深远的影响，开启了德国古典哲学和康德主义等诸多流派。

康德一生持之以恒地恪守自己制订的生活规则，给自己设定了明确的人生目标。关于此，同时代人的书信和报道中都有记载。他总是凌晨五点起床，然后立即投入工作。从七点至九点，他在大学里讲课。九点至下午一点，是他用于个人研究的主要工作时间段，他的科学著作大都是在这个时间段里完成的。接着是午餐时间，进餐时康德几乎总是有客人陪伴。午餐是用来放松自己的，往往要持续好几个小时，席间他们会谈论各种各样的话题。接着是散步，同样是按照精确的时间，而且也非常有规律。散步之后，他又开始工作，晚上十点准时上床睡觉。

如同时间的安排，康德的生活环境也布置得井井有条。剪子或小刀放错了方向或者稍微移动了一下，房间的某把椅子放错了位置，都会使他心烦意乱，坐立不安。

最使康德感到气愤的，莫过于好心好意的朋友打乱了他的生活节奏。一次，某位阔佬邀请他坐车去郊游。由于玩的时间长了，所以康德晚上十点才到家。对此他感到非常生气。他从这次经历中吸取教训，制订了一条新的生活准则："绝对不要让别人带你坐车去郊游！"报道这件逸闻的作者补充道："从此以后，世界上便没有任何事情能使他偏离自己所制订的这条金科玉律了。"

通过这样做，康德健康地活到了八十岁，基本实现了自己的人生目标。1804 年，康德在哥尼斯堡辞世。他最后说的一句话是：“好！”

要学会约束自己

亲爱的朋友[①]，很少有人在使用财富上懂得俭省，而在利用时间方面懂得俭省的人则少之又少。二者当中，其实后者更加重要。我极其盼望你在这两方面都懂得俭省，你如今应该严肃地考虑这两个问题了。年轻人一般都会认为自己有的是时间，他们想怎么利用就怎么利用，正如巨大的财富总要引诱人穷奢极欲，到了酿成致命错误时，已后悔莫及。曾在威廉国王、安妮女王、乔治一世三个朝代担任财务大臣的朗兹先生有一句口头禅："照管好每一个便士，所有英镑就会照管好它们自己。"他不仅把这句话当作座右铭，而且切切实实地身体力行。他的两个孙子此时正享用着

①亲爱的朋友：从此时起，切斯特菲尔德伯爵在写给儿子的信中，都称呼他"亲爱的朋友"，不再称"亲爱的孩子"。

他遗留下来的大量财富。

这句座右铭同样适用于时间。我衷心希望你利用好每一分钟、每一刻钟，一般人认为这么短的时间不值得重视，其实一年累积起来，实在是个大数目。例如，有个约会定在十二点钟，你可以在十一点钟出门，先去两三个朋友家串个门，如果他们不在家，你与其独自一人去附近的咖啡店打发时间，还不如回家抓紧时间写一封信或读读书。这样，你就把时间节省下来，没有浪费。许多人把大量的时间花在读书上，但他们所读内容琐屑无聊，例如近两百年内出版的荒谬的浪漫故事、东方劫掠故事、《天方夜谭》，或法国新出版的多如牛毛的浅薄的神话故事……把这些无聊的东西塞满脑子就像吃掼奶油①，对身体毫无益处。要紧紧抓住著名诗人、历史学家、演说家与哲学家的优秀著作来仔细研读。

许多人因懒散失去了大量时光。这些人懒洋洋地坐在椅子里昏昏欲睡、打哈欠。这是一种最要不得的癖性，对求知与谋事来说都是最大的障碍。你没有权利偷懒，你必须积极、勤奋、不屈不挠。今日可成之事，决不推延至明天。

…………

在娱乐活动中也要注意保持尊严和优雅。热恋可能使人失去

①掼奶油：即用奶油搅打成泡沫状的一种糕点，亦可作为甜食。

尊严，做事业失去尊严可能让人牵着鼻子走。在宴席上食用自己偏爱的菜肴时要举止优雅，否则，狼吞虎咽只能让人把你看成是老饕。玩牌是有尊严的，但赌博就不入流了。生气勃勃、谈笑风生，在团体中赢得光彩，但是老掉牙的笑话或高声大笑都会让人把你当作一个小丑。人们说，每一种美德都有与它同源的恶行；我确信，每一种享乐也有与它邻近的耻辱。因此，我们必须小心注意二者之间的界线，宁可保留一码的距离，也不可超越一寸。

真知灼见

切斯特菲尔德伯爵的这封家书，谈到很多内容。一是一定要节约财富和时间，后者更重于前者；二是读书不要读那些无聊之作，应读名著，这一点也非常值得我们重视；三是不可偷懒，因为这样会浪费大量的时光；四是做一切事当保持自己的尊严和优雅，失去尊严是一件很可悲的事。但所有的内容都归结于一点，那就是要善于约束自己，不可放任自己，使自己始终站在好的一面。

好与坏都是相对的，都来自同一个源头，两者之间存在一个界线，如果你站在好的一面，但是约束不住自己，可能就越过了那个界线，到了坏的一面。“宁可保留一码的距离，也不可超越一寸”。这不能不说是伯爵深刻的体悟。

在现实生活中，许多人原来都是站在好的一面，但是由于约束不住自己，被一些名利所诱惑 ，或被一些坏的东西所利用，往往就越过了那条好与坏的界线，到了坏的一面，轻则名誉扫地，造成财产损失，重则走上违法犯罪之路，身陷牢狱之中。这样的事例不胜枚举。

快乐阅读

范匡夫的自律

范匡夫，1946 年 1 月生于浙江江山，是当今优秀共产党员的代表之一。曾任金华军分区政治部主任、丽水军分区政委、浙江省军区副政委等。2002 年晋升为少将军衔。

范匡夫始终坚持廉洁自律，不做亏心之事，不取非义之财。一位转业的团职干部慕名找到范匡夫，想请他出面协调，尽量给自己安排个好单位。范匡夫爽快地答应了，热心地为他牵线搭桥。这位转业干部感其真诚相助，带着一件精美的工艺品登门致谢。范匡夫劝他拿走："为转业干部排忧解难是我分内的事，收下你的礼物不就成了买卖啦？"这位转业干部还想说服他，见他的脸拉下来了，只得无奈地带着工艺品走了。

军分区筹建专武干部培训基地，三十几家工程队纷至沓来，找范匡夫争取工程的就有八九家，来自家乡的两个工程队当即被他劝退。正当一些工程队欲使小伎俩之际，他和司令员马文汉商量出一套办法：招标来明的，条件来硬的，把那些想通过送东西、走"门子"中标的工程队挡在门外。中标的是一家有实力、信誉好的建筑工程公司。后来建成的专武干部培训基地，经专家验收被评为优质工程。

他一生做到了：没有用公款出去旅游过，没有用过公款送礼为个人拉关系，没有占用过公家物品，没有在本级或下属单位报销过私人发票，没有在福利待遇上搞过特殊化，没有利用职权为家人亲友谋取过私利。

范匡夫常说："权力这东西能使人高尚，也能使人堕落。形形色色的诱惑无一不是冲着你手中的权力而来，千万得当心，要有'长距离较量'的韧劲才行啊！"

谨慎行事

你去巴黎的旅程临近，那将是一个十分重要的时期，对你会有重大影响，为此，此后的信件将主要适合那个顶点时期。在巴黎，哈特先生不在你身边了，你只能靠自己谨慎行事。我确信，18岁的你不会令我怀疑你的谨慎。你会发现大学里不少年轻人不如你谨慎。这些人会成为你的朋友。因此，在你同他们交往前应首先弄清他们是怎样的人，要挑选来自优秀家族的青年，对他们显示出特别的关注，从而进入他们的宅邸，同他们保持亲密关系。有些法国青年特别喜欢吵吵嚷嚷，要注意避免同他们争吵，发生摩擦。不要同他们追逐扑打，那样做常常会引起纠纷。如果你愿意，可以同他们一样活跃，但同时应比他们更聪明。至于文化修养，你会发现他们中的大多数人是很欠缺的，不要为此责怪他们，也不要在他们面前显出你的优越感。这不是他们自己的过失，因为他们的家庭要把他们培养成军人。不过，另一方面，不要让他们的无聊活动或懒散行为干扰你每天上午的学习。不要同他们共进早餐，因为那将使你浪费很多时间，可以告诉他们，你每天上午要读书两三个小时，下午可以陪陪他们。但我希望你在晚上要同规矩的朋友共度时光。

我要向你强调，千万不要去巴黎的英国咖啡馆，那里聚集着不少逃亡分子、苏格兰与爱尔兰的犯罪分子。在那种地方，酗酒斗殴时有发生，在全巴黎都臭名远扬。巴黎的咖啡馆、小饭馆是不值一顾的。要警惕那些衣着华丽、说漂亮话的骗子，这些人在巴黎到处都是。在未弄清他们真正的身份与地位以前，必须同他们客客气气地保持距离。不要随随便便地应邀参加一些不知所谓的聚会。如果你在牌局上耽搁的时间较长，他们就会端上丰盛的晚餐，因为他们知道你有能力付钱。晚餐后，他们就会谈起埃及的法老、兰斯克内特牌戏、十五点，等等，有人会假装反对谈论这些，最终大家同意玩牌。

盼望的时刻来到，针对你的骗局开场，最乐观的结局是掏走你兜里所有的钱；如果你还迟迟不起身，那么，他们很可能把你的怀表、鼻烟壶等物洗劫一空，甚至谋害你的性命。我实实在在地告诉你，这绝不是夸张，只不过是把某些无经验的陌生人在巴黎每天遇到的事情做了点文字上的描述。当遇到一些文质彬彬的绅士第一眼见到你就喜欢你时，要记住应表现得冷淡，不要轻易应邀去参加他们的聚会。有时，你出席一个隆重的聚会，遇到些十分机敏的绅士，他们也许显得很有诚意，但同样真实的是，他们也有诚意把你的钱赢走。因此，要订下一条永不动摇的规则：千万不要同男人玩牌，只同上流社会的女士玩牌，或男女都有、玩小输赢的牌局。但同时，在拒绝玩牌时，也不要讲得很严肃，以免显得你害怕输钱。一个年轻人如果没有自己的主意，不论别人要求什么事情都答应，可以认为他的脾气好，但同时也会被人认为是一个十分愚蠢的年轻人。依据坚定的原则，出自真实的动机明智地行事，但不要说教式地回绝。

真知灼见

在切斯特菲尔德伯爵的印象中，巴黎红灯绿酒，各色人等会聚于此，纵情享乐，沉湎于斗殴、赌博、骗术等，实在不是一个好地方。

当爱子旅行于此，不能不让伯爵有所警觉，特别是出入娱乐场所，必须谨慎行事。

对于爱子在巴黎的交际，伯爵再三强调，必须挑选优秀家族的青年交往。而对其他人，必须保持一定的距离，既不要冷漠地对待他们，也不要受他们的影响。

赌博是让人很容易染上的坏毛病。伯爵早就说过，与人打打牌，有点小输赢，是一种消遣。但染上赌博，是不被容许的。伯爵绘声绘色地描述了巴黎赌场的情景，有些人误入其中、最后输得精光，从而告诫爱子千万注意不要被其诱惑。

在我们今天的生活中，赌博这种不良现象还是随处可见。有人缺乏自制力，往往沉迷其中无法自拔。中国有句俗话：“十个赌博九个输。”赌博者都没有好下场。特别是年轻人，要像看待毒品一样看待赌博，务必远离之。如有人染上这个恶习，也要尽快浪子回头。

快乐阅读

徐宗泉浪子回头

现代著名诗人徐志摩的曾祖父徐宗泉，曾是一个挥霍无度的浪荡子。

徐宗泉的父亲徐开锦在清朝迁居到浙江硖石镇，从事商业，颇为发达，可谓家财万贯。徐宗泉是其独子，从小娇生惯养，因为家中有钱，所以一味吃喝玩乐，并染上了赌博的恶习。虽然父母屡屡告诫，但是他不听规劝，挥霍无度。

天长日久，父母已心灰意冷。徐开锦曾点起香烛，跪在祖先遗像前哭诉："宗泉这不肖子，将来必定败光家业，为此我决定将祖遗田产分一半捐助广善堂，做一些善事。另一半家产，只能随他去败，但愿他将来能有所悔改。"广善堂是当时硖石镇的一个慈善组织，那时正为资金不足而难以为继，准备解散。现在得到徐开锦捐助的三百亩良田，有了经济实力就重举善事，得到救助的人一天比一天多。徐家从此也种下了善根。

徐开锦夫妇年事渐高，儿子徐宗泉的赌兴非但没有任何收敛，反而愈发放肆。他在家里拿不到钱，就四处借债，人们知道徐家家底厚，也放心地借给他。

这一年年关，事情暴露了。来徐家索债的人成群结队，喧闹之声不绝于耳。徐宗泉看到这个局面惊恐万状，急得不知所措。徐开锦冷冷地说："杀人偿命，欠债还钱，你把索债人全部请到门外，由你一一去偿还。"说着，他把内房里钱柜的钥匙交给徐宗泉，仰天长叹而去。

嘉庆、道光年间制钱很重，拿取百串制钱要往返许多次。徐宗泉往返取钱、还钱，等到偿还完毕，已疲惫不堪，瘫坐在椅子上，上气不接下气。这时父亲徐开锦来了，语重心长地说道：“你仅仅现成地取钱，就感到疲乏不堪，那我铢积寸累创下这份家业，该是何等艰辛，要疲乏到何等地步？！”徐宗泉闻言，泪如雨下。他从此以后浪子回头，不再赌博，勤勤恳恳地帮助父亲经营家业，几年以后，所积聚的家产竟数倍于往昔。浪子回头金不换的故事，一时在硖石镇传为美谈。

远离不道德，抵制虚荣心

你的学徒生涯临近结束，不久就将进入社会，即将到来的这一时刻对你至关重要，对此我也颇感焦虑不安。一位商人如果想事业成功，就要拥有诚实的品质，和气待人。不诚实，就没有人会进他的店门；不和气，就没有人会第二次踏进他的店门。商人可用幽默、雄辩的口才与宣传的本领来征服顾客，但是，他宣传的东西必须真的是那样，他言之凿凿的介绍必须是真实的。否则，他一次欺骗后就会很快破产。

在较高层次的生活中也一样，即使是世上最伟大的事业也同样如此，一个人如果不具备诚信、笃实、谦和等好品格，在他初次涉世的时候，也许会引人注目，在一个很短的时期内就像一颗流星那样发出光亮，但很快会消失，终因受人轻视而尽失光芒。人们会轻易宽恕年轻人办事无章法或不合常规，但人们从不原谅年轻人罪恶的念头，思想是不会随着年龄的增长而进步的，我看常常相反，年龄越大，心肠越硬。一个年轻的说谎家到老也仍是个说谎家，但一位年轻的骑士随着年龄的增长只会变得更加可敬。一个心怀恶念但头脑聪明的年轻人（这种情况很少有），会不会随着年龄的增长，意识到自己的愚蠢与过失，从而改恶从善呢？这种例子往往会被看作是精明、投机，不会被认为是诚心诚意的转变。我深信，你不缺高尚的道德，但只拥有美德是不够的，你还要把美德化为实际行动，不，那还不够，还要使人们认识、敬重你的美德。你要想成为一个人物，必须拥有坚实的基础，否则很容易垮台。尽管你还年轻，但是你也应当严格要求自己，只有在年轻的时候才能培养成严格与严肃的性格。要远离说谎、欺骗、妒忌、恶意诋毁等不道德的行为。

在你即将涉世的时候，还应谈谈另一个看起来无关紧要却是意义十分深远的话题：你必须注意抵制虚荣心。容易滋生虚荣心是无经验的年轻人的通病。尤其要抵制那种使年轻人堕落为花花公子的虚荣心。一旦产生虚荣心，就难以消除，比一旦做了牧师再要还俗更难。在许多情况下，虚荣心会坏了一个人的大事。例如：

有人对许多事情虽然全然无知，但是由于虚荣心作祟，所以在许多事情上刚愎自用。另一些人想在女人面前炫耀自己的成功，便暗示有地位很高的人与出众的美人给过他不少鼓励，还同某些人有极亲密的关系。就算这些是真的，那也不足为外人所道；如果是假的，他就彻底毁了自己的名声。

有些人用一些同他们本人无关的事情来装点自己，譬如，说他是某些大人物的后裔、亲戚或亲密朋友。他们没完没了地谈他们的祖父是谁，他们的伯父是谁，他们的亲密朋友是谁，也许，他根本不认识他们。难道有这种关系就会抬高他的身价？当然不会。正好相反，他们利用外在的东西装点自己，恰恰证明他们自己缺乏内在的价值。一个富人是不需要向人借钱的。要牢记这个道理，永不违反。只有谦虚才能受到称赞。一个勇敢的人，如果装出更大的勇气，只能使他看起来像个恶霸。一个本来有才华的人，如果装出有更大的智慧，就会成为一个自吹自擂、华而不实的人。当然，我说的谦虚不是指胆小、拘谨。相反，内心要坚定，明白自己的价值，有信心，但不虚荣。不必让别人都了解你的真正价值。你有什么样的价值，别人总会发现的。

真知灼见

在爱子即将踏上社会之际，切斯特菲尔德伯爵写来这封家书，谆谆告诫爱子，必须特别注意两个问题。

其一是远离说谎、欺骗、妒忌、恶意、诋毁等不道德的行为。有了这些行为，即使你特别精明，善于投机取巧，最终也会被人识破，遭到唾弃。具有诚实、善良等好品质，你的人生就有坚实的基础，可以得到人们的信任和帮助，成就一定的事业。

其二是抵制虚荣心。容易滋生虚荣心是初涉世的年轻人的通病。追求漂亮、金钱，炫耀有学问、有本领，攀附一些名人，等等，这都是虚荣的表现。这些都是虚假的、好看的表象而已，要营造这个表象，需要很多物质的和精神的东西。有些人自身没有那么多物质和金钱，可能就会以违法犯罪的手段来获取；将精神耗在其中，人就会感到活得很累。一旦被人揭下或者识破这个表象，这样的人往往会让别人轻视、让别人觉得不可信。

总之，我们还是要老老实实做人。说谎和虚荣，往往如在一块石头上涂上金粉，乍看上去或许让人觉得是块金子，但终会露出马脚。而真正的金子，放到哪里都能发光。

快乐阅读

被虚荣毁掉的人生

2019年4月26日，浙江省建德市警方依法逮捕吴某。

吴某当时二十几岁，是杭州某货运代理公司一个营业点的经理。吴某工作特别卖力，年纪轻轻就当上了负责人。营业点刚成立时业务量不多，吴某通过努力争取到不少客户。

随着公司业务量的上升，来往货款也逐渐增多，爱慕虚荣的吴某开始用公司的货款支付日常消费，还在快手上打赏主播十几万元，喜欢车的他先后购买了六辆轿车，其中不乏奔驰等高档汽车，而买车的钱也大部分都是公司的货款。

吴某月工资仅五六千元，为了让别人相信他的消费能力，吴某跟别人吹嘘自己月收入三万多元。公司每个月需上交货款，刚开始，吴某拆东墙补西墙还能应付。最后，实在填不上货款缺口的吴某选择一走了之。其所在货运公司随即到当地派出所报警。

案发后，吴某一直都在逃亡，建德警方先后前往温州、湖州、富阳、宁波等地追查，同时将他列为网上追逃对象。在亲人的劝说下，吴某到安徽当地派出所投案自首。

一个初踏社会、事业有为的年轻人，就这样被虚荣毁掉了。

学习有用的学问

从现在起，你比你的同龄人自由了。我必须公平地承认，你已比你的大多数同龄人做得更好。但是，此后，你身边没有监管人了，而此前你是有一位朋友的。你在巴黎，不但无人管束你，而且无人帮助你，你只能凭自己的见识行事。我有很大的信心，相信你在巴黎会做得很好，一如我所愿。因为我早就告诉过你，你的一言一行都会有人向我报告。享受青春的快乐，你不会落后，但须同一个有才华男子的身份相适应。让享乐使人升华，而不是沉沦；让享乐使你变得更高尚，而不是受玷污。总之，要作为一位绅士去享乐，至少同和你水平相当的人做伴，最好同比你更优秀的人（主要应是法国人）做伴。对于学院中的同学，在同他们深交之前应了解他们的为人，要警惕那些向你献殷勤的人。

你在学院中不可能学得很多，应学习那些有用的学问，要充分利用时间。你每天仍须抽出时间学习希腊著作，我指的不是希腊诗歌，不是阿那克里翁①的诗歌片段，不是忒奥克里托斯②写的多愁善感的诗，也不是荷马笔下的英雄们像脚夫那样的语言。那些对希腊学问认识很浅薄的人只知道一点点，却经常把这些东西挂在嘴边，讲起来滔滔不绝。我所指的是柏拉图、亚里士多德③、狄摩西尼④、苏昔狄台兹⑤，这些人只有内行才了解。只有熟悉希腊历史，才能使你学问出众，单单熟悉拉丁历史是不够的。当你研读历史书籍或其他用于消遣的书时，应掌握相关的语言文字，从而不仅容易记住，而且能大大提高你的外语水平。我希望你同德国人、意大利人交谈时，都用德语与意大利语，这样，不仅会使他们很高兴，而且对你自己也很有用。

我要为你推荐一些有代表性的戏剧作品，巴黎常有精彩演出。高乃依与拉辛的悲剧、莫里哀的喜剧，都值得仔细欣赏，都是升

①阿那克里翁：古希腊宫廷诗人，诗作多以醉酒与爱情为主题。 ②忒奥克里托斯：古希腊诗人，始创田园诗。 ③亚里士多德：古希腊哲学家和科学家，柏拉图的学生，亚历山大大帝的教师，雅典道学派创始人。著作涉及当时所有的知识领域，尤以《诗学》《修辞学》著称。 ④狄摩西尼：古希腊著名的政治家、演说家和雄辩家，古希腊联军统帅。 ⑤苏昔狄台兹：古希腊研究雅典的史学家，曾任将军参与同斯巴达人的战争，因此能掌握第一手材料。

华心灵的可贵教材。世界上没有哪个地方的剧院能比得上法国的，尽管法国歌剧与你的意大利耳朵不合拍，但至少歌词是有意义、有诗意的，我认为我一生所听过的意大利歌剧都比不上法国的。

真知灼见

切斯特菲尔德伯爵在这封家书里，要求爱子去学习有用的学问。有用的学问可分为两种：一是书本上的学问，二是人事中的学问。

对于书本上的学问，在伯爵看来，柏拉图、亚里士多德、狄摩西尼、苏昔狄台兹的作品，值得多读；高乃依、拉辛和莫里哀的戏剧，值得仔细欣赏，这些都是升华心灵的可贵教材。这份学习清单，值得当今中国的年轻人借鉴。

对于人事中的学问，伯爵再次强调，要作为一个绅士去享乐，至少要和与自己水平相当的人做伴。伯爵对法国人的印象不好，但他也不否认，法国人在“逐渐成熟，阅历较深后，常常也能成为能干的人”。事实也如此，法国在历史上也出了少名人，如笛卡尔、帕斯卡、拉辛、莫里哀等。应该学习这些人身上可贵的品质和风度。

这两种学问都非常重要，互为补充，不可偏废。书本上的学问重在理论，人事中的学问贵在实践。只重视前者，可能会成死学问；而偏于后者，往往可能难辨好坏而无所用处，甚至误入歧途。

快乐阅读

献身戏剧的莫里哀

莫里哀，1622 年出生，是法国 17 世纪古典主义文学最重要的作家，古典主义喜剧的创建者，在欧洲戏剧史上占有十分重要的地位。

莫里哀的父亲是个挂毯商，他希望莫里哀将来从商或者做律师。1635 年，父亲把他送进贵族子弟学校克莱蒙中学读书，但是，莫里哀自幼喜爱戏剧，不喜欢经商。

莫里哀与朋友组建剧团演出，开始时不受欢迎，以致剧团解散，之后他便长时间在民间流浪。在此期间，他得以熟悉法国社会，了解人民生活，也学习人民所喜闻乐见的闹剧和以演技著称的意大利“即兴喜剧”，逐渐成为一个出色的戏剧活动家。

1652 年以后，莫里哀开始创作剧本，并组建自己的剧团。他的剧作由于贴近生活，所以深受观众欢迎，剧团的声誉蒸蒸日上，远近闻名。1658 年 10 月 24 日，莫里哀的剧团应召来到巴黎，为国王路易十四演出，受到赏识。

从 1664 年开始，莫里哀的喜剧创作进入全盛时期，除最著名的《伪君子》（又译作《达尔杜弗》）外，《唐璜》《恨世者》《悭吝人》等，都是这个时期的名剧。这些作品具有强烈的时代气息，描绘了资产阶级家庭、贵族沙龙、宫廷、农村的各种景象，以现实主义的笔触展现了 17 世纪下半叶法国的社会风貌。

1673 年 2 月 17 日晚上，法国巴黎剧院上演一部喜剧《无病呻吟》，担任主角的是作者本人——莫里哀。开演前，他妻子恳切地劝他说：“你病得这样重，就不要登场了！”他回答说：“这有什么办法呢？！假如一天不演出，那几十个可怜的兄弟如何生活呢？”他忍着病痛参加了演出。剧场里座无虚席。莫里哀登场了，台下响起热烈的掌声。剧中人“心病者”是一个挂着医生招牌的江湖骗子，没病装病，而扮演的人却真正有病，经常痛苦地皱眉咳嗽，观众还以为是莫里哀表演得逼真，就热烈地鼓掌喝彩。由于剧烈咳嗽震破了喉管，当掌声尚未平息时，他的生命已结束在舞台上了。

好教养要靠长期熏陶

在所有来自巴黎友人的信件中，我高兴地发现，在你的众多优点之中，你的好学精神常被着重提及，这是确保你能学好所有事情的关键。当然，那是些小事情，但同样真实的是，那都是些必要之事。即如习惯与举止，像你这样的年纪，任何人不加注意都将名声受损，而要学好习惯与举止，最简要的途径便是给予重视，向有经验的人士请教。好思想与好本质通常能造就一个谦恭有礼的人，但在好教养方面有千百种细微之处，只能靠长期熏陶方能受益，正是这些仪容的细微之处，将绅士同粗鲁之人区别开来。

我从好几位友人处获悉，你的仪态已大有长进。你在巴黎应物色学习的榜样，然后以他们的方式同他们竞争。巴黎有一些时髦的用语、词句甚至手势，你有必要把它们学到手，使你能运用自如到这样的程度——让法国人说:“这位青年是地道的法国人。”此后，你将去其他国家，做同样的事情，完全适应当地时尚的礼仪与习俗。但法国人却不这么做，法国人到别的地方去，仍固守自己的习惯，自认为是世界上最好的。即使允许他们这么做，他们不去适应外国的习俗也是错误的。一个人到了某个地方，总愿意受到当地人的欢迎，没有比模仿交谈的对方，受到对方欢迎，更能获得别人欢心的了。

我希望你向马塞尔教授学习的课程应更加深入。那些讲座虽然可笑，但同时也是很重要的。你应注意听讲，但愿这位教授着重讲讲有关手臂的知识。人的双臂比身体的其他部分更能决定一个人的身材是否健美。在欧洲，一个人的手腕扭曲或僵硬，将被认为难看。其次要注意的是，你怎样走进房间，以何种姿态出现在众人面前，这将给人第一印象，而第一印象也往往就是最终的印象。因此，你应不断出入马塞尔教授的房间，并假设有各种不同的人正在室内，诸如大臣、部长、女士以及混合的群体等。要想初次露面成功，你必须具有一种高贵的气质，但又不要显得有丝毫的傲慢，才能受到尊敬。

我不该向那些学识不如你扎实的人反复讲此类琐事。轻浮的子弟只注意这种琐事，因为他们不懂其他重要的知识。我担心的是，你过于专注有价值的知识而太轻视礼仪，其实它们还是很有用的——尤其对你。

真知灼见

绅士风度，往往体现在一些细微的举动之中。正是这些细节，将绅士与莽夫区分开来。而这些细节往往在不经意间体现了一个人的习惯和举止，必须经过长期熏陶。因此切斯特菲尔德伯爵特别强调，反复叮咛，让爱子注重对习惯与举止的培养。

很多习惯和举止养成于小时候，父母的教育至关重要。譬如有的人任性、霸道、不讲卫生等，在小时候就是如此。但这些习惯和举止是可以改变的，如果成长的过程中遇到良师挚友，加以提醒和引导，不难培养与之相反的良好习惯与举止。

良好的习惯与举止，还需要丰富的学问作为基础，才能真正形成优雅的风度。如果只是一味注意这些琐事，就难免给人造成一种轻浮、做作的印象。

年轻人应该重视自己的学问与言行，在任何地方，做到衣着得体、语言亲切、举止优雅，都必将得到很多赞美，由此获得信任与友谊。这应该当作学问一样引以重视。

尤其当有许多长者在场时，年轻人更要注意做到彬彬有礼。若有失礼的行为，人们就会把这个人划入缺乏教养的一类人之中。

快乐阅读

张飞的坏习惯

张飞是东汉末年的名将，英勇无比，赤胆忠心。但他也有不少坏习惯，最突出的就是贪杯、脾气暴躁，动辄打骂士兵。

刘备让张飞镇守徐州，明令他不准喝酒，但不久他的酒瘾就犯了，找人一起喝酒。下属曹豹不能喝酒，张飞认为他不给自己面子，就打了曹豹一顿。曹豹怀恨在心，引来吕布偷袭，占了徐州。那时张飞酒还没醒，只得狼狈逃命，让刘备失去立足之地。

张飞镇守阆中时，闻知兄弟关羽被害，极为悲痛，旦夕号泣。诸位将领以酒劝解，张飞酒醉后，怒气更大。帐上帐下，经常鞭打士兵，以致多有被鞭打至死的。刘备知道后，就劝他："你鞭打士兵，还让这些士兵随你左右，早晚要招祸。"张飞不听，依然故我。

有一天，张飞下令军中限三日内制办白旗白甲，三军挂孝伐孙权。次日，帐下两员末将范疆、张达入帐告诉张飞："白旗白甲，一时无可措置，须宽限几日才可以。"张飞大怒，喝道："我急着想报仇，恨不得明日便到逆贼之境，你们居然敢违抗我作为将帅的命令！"说完便让士兵把二人绑在树上，每人鞭打五十。

打完之后，他用手指着二人说："明天一定要全部备齐！如果违了期限，就杀你们二人示众！"二人被打得满口出血。二人回到营中，范疆说："今日受了刑责，让我们怎么能够筹办？这个人性暴如火，如果明天置办不齐，你我都会被杀啊！"张达说："与其他杀我，不如我杀他！"二人商议杀死张飞。

这天夜里张飞又喝得大醉，卧在帐中。范疆、张达探知消息，初更时分，各怀利刃密入帐中，把张飞杀了。当夜，二人拿着张飞的首级，逃到江东去了。

一代名将，就这样因为自己的坏习惯而死了，委实可惜。

做事要冷静

日前，有人送来一张90英镑的账单，要我替你偿付。最初，我迟疑不决，不是因为账单上的数目，而是因为未接获你的信件，往常都是有信来的；再者，我也未见你的签名。送账单的人要我再仔细看看，说准会在账单底部发现你的签名。于是，我再仔细看，借助于放大镜，才见到刚才以为是他人签名的地方写着你的名字，字写得这么小、这么潦草，系我平生所未见。

我胡乱地付清了账，情愿算我丢了这笔钱也不愿想到那个签名竟出自你之手。所有的绅士，所有事业有成的人，自己的名字都是同一种写法，他们的签名为众人所熟知，却不易被人模仿：签名一般都比平常写的字稍大。而你的签名比你平常写的字更小、更差。这使我想起，你因书法不佳可能遇上各种各样的问题。譬如，如果你在部长办公室里写这么糟的字，那么你所写的信件可能因被误解为其中含有隐藏的秘密立即被送往解密处。如果你是写给一位文物收藏家的，那么他（知道你是一个有学问的人）一定以为你写的是古代北欧文字或凯尔特文字或斯拉夫文字，永远猜不到是现代英文……

我常对你说，每一个有手有眼的人，都能写出一手好字。你会写希腊文与德文，尽管未学书法却写得很好；而你向英文书法教师专门学习过书法却写得一手坏字，这是缺乏教养的体现。我既不希望你写字僵硬或矫揉造作，也不期望你成为一名书法家，但一位事业有成的人必须写得一手好书法，只要多写就成。为此我建议你在巴黎找一位书法家，用心学习一个月即可。书法的重要性你还未能充分体会。也许你会说，你写得这么潦草是因为过于匆忙。那么，为什么你要这么匆忙呢？一个有见识的人，有时会急迫，但绝不匆忙，因为他明白，只要一匆忙，就必然把事办坏。无见识之人总是很匆忙，因为他们所做的事是他们力所不及的，因此，他们奔跑，他们飞驰，他们困惑、窘迫，不知所措。他们做什么事都想一蹴而就，不把它做好。而一个有见识的人总是为欲做的事情预留出必要的时间，即使在实施的过程中有时需要急迫地处理某件事务，他也总是冷静、镇定地做事，在第二件事开始前完成第一件事。

我占用了你不少时间，而你有许多事情要做，但须记住：宁可做好一半剩下一半，切不要全部都做，却做得马马虎虎。从前有位教皇，人们嘲笑他只注意琐事，遇到大事时却总是束手无策。在你这样的特殊阶段，以及你所处的地位，你遇到的还只是一些小事，必须养成把小事一一处理妥当的习惯。鉴于目前还没有什么大事占据你的头脑，你完全可以把书法练好，把跳舞、着装、出场……这些小事学好，今后就可以去做大事了。

真知灼见

做事马虎，应付了事。特别是在忙碌的时候，或者在非常紧急的时刻，难免手忙脚乱，不知如何是好——这几乎是年轻人的通病。出现这种情况的原因，可能有三个方面：一是天生的性格；二是从小缺少这方面的修养；三是社会经验不够。

当切斯特菲尔德伯爵偶然看到一张账单上爱子的签名，写得那么小而潦草时，他非常不满，写下这封家书予以劝勉。伯爵敏感地觉得，这是爱子匆忙所致。匆忙、慌张，这些行为，都不是有作为者应该有的。

无论遇上什么样的事，保持镇定、冷静，大脑中应该对自己下一步所为有清晰的安排，现在做什么，接下来做什么，如何来做，做的时候要注意什么……这样，事情可能就会办得较为妥当。相反，头脑一发热，就不知所措，自乱阵脚，很容易把事情弄糟。

做到镇定、冷静地处理事务，需要形成一种习惯，另外就是要加强修养，学习掌握各方面的知识，包括社会经验。拥有丰富的知识和经验，遇事就能从容面对了。

伯爵说：“宁可做好一半剩下一半，切不要全部都做，却做得马马虎虎。”也就是说，做事不要求多、求快、求早点完成，而须求把事情办好，哪怕事情做得慢一点。这实在是一条宝贵的人生经验之谈，值得我们学习和借鉴。

快乐阅读

谢安悠闲退强敌

谢安，字安石，今河南太康人，东晋著名政治家。

太元八年（公元 383 年），前秦苻坚率领号称百万的大军南下，志在吞灭东晋，统一天下。当时军情危急，建康一片恐慌，谢安被任命为征讨大都督，可他似乎一点也不紧张，派谢石、谢玄、谢琰和桓伊等率兵八万前去抵御。谢玄手下的北府兵虽然勇猛，但是前秦的兵力是东晋的十倍多，让他觉得毫无把握。出发前，谢玄特地去与谢安告别，请示这场仗怎么打。谢安神情泰然，毫无惧色，回答道："朝廷已另有安排。"过后便默默不语。谢玄不敢再问，便派好友张玄再去请示。谢安驾车去山中别墅，与亲朋好友聚会游玩。他接见了张玄，却不谈战事，要与张玄下围棋赌别墅。谢安平常棋艺不及张玄，这一天张玄心慌，反而败给了谢安。谢安回头对外甥羊昙说："别墅给你啦。"说罢又出去游玩，到晚上才返回。

同年十一月，在谢安的调遣下，谢玄遣部将刘牢之以五千精兵奇袭前秦军，取得洛涧大捷。十二月，双方决战淝水，谢玄、谢琰和桓伊率领七万晋军战胜苻坚和苻融所统率的前秦十五万大军，并阵斩苻融。淝水之战以晋军的全面胜利告终。

当晋军在淝水之战中大败前秦的捷报送到时，谢安正在与客人下棋。他看完捷报，便放在座位旁，不动声色地继续下棋。客人忍不住问他，谢安淡淡地说："没什么，孩子们已经打败敌人了。"直到下完棋，客人告辞以后，谢安才抑制不住心头的喜悦，手舞足蹈，把木屐底上的屐齿都碰断了。淝水之战的胜利，使谢安的声望达到顶点。谢安以军功卓著拜太保之职。

做人要谦虚

我接到的你在巴黎的信息使我越来越满意。阿尔比马尔勋爵给我写了一封赞扬你的信，这里的很多人都看到了这封信，这对你的前程很有用。成为上流社会人士，对任何地方的任何人都很重要，对你来说，更重要的是你在回国之前就有了名气。如此，你在成功的道路上已走了一半路程。而我确信，你是不会让人改变对你的好感的。我深信，你不会成为一个自以为是的人。

你现在的学问还有待充实，我的方针是，不逼迫你而是推动你去获得更多的知识。为此，我将摘录最近收到的一位不带偏见的、有眼力的朋友的来信，我想，这对你们二人都是公正的："爵士，请允许我深信不疑地对您说，斯坦厄普先生是会成功的。他有丰富的知识，有非凡的记忆力，尽管他从不炫耀这些长处。他渴望做到令人满意，他一定会做到这一点。他仪表堂堂，身材匀称，虽然稍矮小了些。他从不举止失措，尽管他尚未把应有的礼仪学到手，但是马塞尔夫妇会教给他一切。总之，他没有任何缺失，除了像他那种年纪的年轻人通常无可避免地欠缺的东西，我指的是，某种特色与仪态的细微之处，这些只有在优秀的群体中长期熏陶才能获得。像他那样的天分，将会很快学到，尤其他所结交的群体正是最适于影响他的。”

我深信不疑，以上的摘引是可信的，你我二人都满意于你已学到很多，欠缺的很少。尽管你已有长足进步，但仍须谦逊，同时内心要更加坚定，更有信心。你所欠缺的并不难学到，但须加倍努力。实际上，欠缺的东西在一些愉快欢欣的场合就可获得：交友、晚宴、舞会、观剧等，都有一些样板供你学习，从而形成自己的风格。你必须注意习惯用语、习惯动作，以及仪态方面的细微之处。这些方面，你目前所在的骑术学校与学院中会有一些年轻的同学和贵夫人给你指点。

博卡热先生是你的又一个赞扬者。他告诉我，他的夫人说你“是一位好朋友，谦虚得像一个仆人”。你一定会感到高兴的。你做得对，这正是提高自己的方法。同每一位女士交谈都要用这种态度。

…………

再见，愿优雅与你同存，如果优雅不愿前来，你就把它抢过来，强迫它与你为伴，无论是在你思索的时候，还是在你说话与行动的时候。

真知灼见

谦虚谨慎是绅士风度的重要体现，是取得别人好感的有效手段。人生来或多或少都有自高自大的缺点，因此，谦虚更需要后天的培养与熏陶。

不难看出，切斯特菲尔德伯爵对爱子的表现是非常满意的，认为他在成功的路上已走了一半。但他不忘告诫爱子不可自以为是，现在的学问还有待充实，必须继续谦虚学习 。一些欠缺的学问，会在生活中慢慢学习补充。

任何一个人，即使功成名就，也没有什么值得骄傲的，更不可摆出一副高高在上的样子，看不起别人。须知“尺有所短，寸有所长”，每个人无论在学问还是能力上，都有自己的所长，也有自己的不足。无论何时何地，保持一种谦虚的姿态，多看自己所短，多看他人之长，这不仅是一种绅士风度，也是一个智者所为。

快乐阅读

刘德华的谦虚

1961年出生的刘德华，是香港著名演员，在大陆拥有大量的“粉丝”。尽管一直“红”到现在，但刘德华一直保持着谦虚的姿态。

一次，刘德华在做客《鲁豫有约》时，被问及当下各大选秀节目这么火，有没有选秀节目邀请他做导师呢？刘德华半开玩笑半认真地说“有啊，但是我不敢去，我觉得自己没资格，其他导师可以听出来选手的一句歌词里哪个音阶有问题，而我听不出来。”对此鲁豫肯定地说你是可以的，而刘德华谦虚地说：“我不行，我不敢，我从艺三十年，只唱红了三首歌，不配当评委。”

演员王宝强刚入行不久，在拍冯小刚的电影时遇到刘德华，激动得当场给刘德华跪下了。令人震惊的是刘德华立刻也跪下了，这让王宝强受宠若惊，他感受到了刘德华的诚恳与善意。后来他得到刘德华的赏识，成为他的弟子。刘德华尽心竭力地教他演戏，争气的王宝强没有辜负他的期望，在演艺圈获得了巨大的成功。

2008年汶川地震发生，刘德华以一己之力，发起“5.12关爱行动”，为汶川义演；几百名艺人自发参与，刘德华在舞台上振臂高呼：“中国加油！汶川加油！”之后他转过身子，向百名艺人拜谢。

有一次，呼和浩特的一位“粉丝”写信给刘德华：“我很穷，估计这辈子都不能去看你的演唱会。不过不要紧，我还有下辈子。下辈子，你能不能不要改名，还叫刘德华，我一定攒够钱去看你的演唱会。”看了这封信的刘德华百感交集，不希望自己的“粉丝”要等到下辈子才能与自己相见，随即把原本要设在一线城市的演唱会地点，改设在了呼和浩特，圆了这位粉丝的梦。

努力做到完美

无论什么体系，宗教也好，政府也好，道德也好，“完美”是一个经常提到的目标，尽管也许永远达不到，至少，截至目前，还无人达到。然而，那些以此为目标去努力追求的人，总比那些绝望、懒散、放弃进步机会的人，无疑更接近“完美”。在人们的日常生活中也一样，以追求完美为目标的人，比起那些只知依赖不知奋斗的人更接近完美得多。有些人常常对自己说：“没有人能做到完美，完美是达不到的，想要完美只能是幻想；我做得不比别人差，我干吗要费力气去做那些做不到的事情？”

我十分确信我无须向你指出这种想法（如果这也配称作“想法”的话）的谬误。有了这种想法，将使我们放弃努力，停止前进。相反，一个有见识的人会鼓励自己：尽管完美的顶点可能达不到（考虑到人的天生缺陷），但是，我仍关注、仍要努力，尽可能地接近完美。我将每日前进一步，最后终将到达，至少，我有自信，不会相差很远。有的人在谈到你的时候对我说：“什么？你想要他完美？”我回答他们：“为什么不呢？这对他、对我，又有什么害处呢？”他们说：“噢，可那是不可能的。”我回答说：“这我倒不能肯定。完美是个抽象的词，我也承认不能做到绝对的完美，但是，通常大家所说的做个完美的人，我认为是可以做到的，而且每个人都有能力做到。”

他们接着说：“他有聪明的头脑，他有一颗善良的心，他积累了丰富的知识，每天还在习得新的知识，你还要他怎样呢？”我说：“我希望他在各方面都增辉生色，更趋完美，这对他的头脑、他的心灵有什么坏处呢？让他拥有最优美的仪容、最高雅的气派、最得体的言谈举止，又有什么坏处呢？”他们说：“以他现在的表现，认识他的人都喜欢他，你还有什么不满意的？”我说：“听到这样的话我很高兴，可是我要让他在人们还不认识他的时候就喜欢他，在认识他之后更爱他。我要让他一张口说话，人们就想认识他、就打算喜爱他。”他们说：“你这是太过要强了，把那么多精力花在效果很小的事情上。”我反驳说：“你们不大了解人的本性，才把那些事看作是小事情。我宁可他在文法上、在历史知识上、在哲学等问题上出一点错误，也不愿他在举止谈吐上有一点毛病。”他们说：“可是，您要考虑到，他还很年轻，到时候，他各方面都会更优秀的。”我说：“但愿如此，不过，这些事必须在他年轻时学好，否则一辈子也好不了。”他们说：“得啦，得啦！放心好啦！他一定会学得很好的，您一定会有足够理由为他自豪的。”我说：“我希望、我相信他会学好，但我想让他更好，我的确很喜欢他，我愿他更好，更值得我骄傲。我希望他既有分量，又有光泽。你们知道有能把这些才能都结合起来的人吗？是的，我知道有这样的人——博林布罗克勋爵正是这样的人：他既彬彬有礼，具有朝臣所应有的高雅仪态，又有丰富的学识，是一位出色的政治家。我希望我的儿子以他为榜样。”

跟你说实话吧，以上争论是昨天发生的，我几乎原字原句地写下来了。我把结论交到你的手中，你用自己的见识去作出结论吧，并在得出结论以后切实地付诸实践。

真知灼见

任何一个人，任何一件事，都不可能做到绝对完美。这一点，切斯特菲尔德伯爵并不否认。在伯爵看来，完美是一个目标，虽然这个目标很难达到，但是不能放弃努力，只有这样，才能在为人处世上做得更好。

伯爵对爱子寄予很大希望，他希望爱子学识渊博，风度优雅，长大后能进入政界，从事外交工作。因此，他在关爱爱子的同时，一直对他严格要求，不仅要他在大事上不犯错误，而且要他在一些极其细微的地方也要加以检点。即伯爵所说的：“我希望他各方面都增辉生色，更趋完美……让他拥有最优美的仪容、最高雅的气派、最得体的言谈举止……”

有些人一生也很努力，但极为平凡，过得庸庸碌碌，可能有一个很重要的原因——没有追求完美的目标。他虽然做出了努力，但这种努力也很平常，没有做出什么特色，不可能为众人所注意和赞赏。朝着完美的目标努力，虽然不可能方方面面都做得很好，但在一两个方面做到极致，也可使自己从众人中突显出来，让人刮目相看，甚至成为一个传奇。

不可能做到完美，但能尽可能接近完美，谁做到尽可能接近完美，谁的人生之路就可能更平坦，其人品与事业也会大放光彩。

快乐阅读

一针一线成传奇

2018 年，英国广播公司（BBC）拟拍摄一部寻找中国工匠的纪录片，导演慕名联系到董怀利，希望他和母亲成为其中一集的主角。

1990 年，董怀利出生于安徽省阜阳市，高中毕业，没考上大学，像许多年轻人一样外出打工，但挣不了多少钱。母亲在杭州街头帮人织补，因为手艺好，所以生意不错。董怀利想跟母亲学织补，继承母亲的手艺。尽管此事遭到妻子和母亲的反对，但董怀利还是拿起了针和线。

在母亲的言传身教下，董怀利苦练两个月穿针引线后，就在杭州繁华的延安路上接起了活儿。他一边做活儿，一边钻研这门技术。偶闻杭州有一位老奶奶，曾是浙江省博物馆的文物修复师，专攻衣物面料等，董怀利就一次次携礼物登门拜访，虔诚求教。老奶奶被他的诚心感动，倾囊相授，董怀利得到真传。很快他的活儿越做越好、越做越精致，名气也越来越大。

一位女士的香奈儿包被刮破个口子，慕名找到董怀利。他熬了一个通宵，不仅把这位女士的包修复如初，还顺便给她做了一次皮具护理保养。这一单，董怀利赚了 2000 元。

最“牛”的一个活儿，是董怀利和母亲联手完成的。2017 年 7 月，大连一位曾先生的法拉利跑车敞篷上破了几个洞，4S 店表示他得换掉整个车篷，需要 85 万元。曾先生嫌贵，辗转联系到董怀利。董怀利母子坐飞机到了大连，完成了这个活儿。曾先生非常满意。这一单让董怀利赚了 3 万元。

董怀利靠着这门手艺，在杭州买了房，过上了幸福的生活。

再不起眼的小行当，只要你能把它做到极致，就会大放光彩。董怀利就是这样，用一针一线缔造了一个小小的传奇。

应读经典的原著

亲爱的朋友，阿里奥斯托①的《疯狂的罗兰》你读到哪里了？或者说，你有没有读完那些骑士、侠客、魔术师等既严肃又夸张的传奇？我不敢肯定荷马是否是虚构大师，他的才华远远超过了阿里奥斯托。没有比阿尔喀诺俄斯②这个人物与他的宫殿的描写更吸引人、更能满足感官的了，也没有什么比到月宫中去寻找奥兰多失去的智慧更夸张得如此巧妙的了。所有这些都值得你关注。不仅诗写得美，而且它们是许多现代故事、小说、寓言、浪漫作

①阿里奥斯托：意大利文艺复兴时期著名诗人。代表作为长诗《疯狂的罗兰》，将充满神话色彩的骑士冒险故事同现实生活事件编织在一起，对欧洲的叙事长诗产生了深远的影响。 ②阿尔喀诺俄斯：系《奥德赛》中费阿刻斯国的国王，其女儿瑙西卡曾给遭航难的奥德赛以帮助。

品的源泉。例如奥维德[①]的《变形记》就是一部优秀的古典作品。此外，你能读这部作品，掌握意大利文就不是什么难事了。之后，你再读读塔索[②]的《被解放的耶路撒冷》、薄伽丘的《十日谈》，便大有好处。依我看来，你能读这三位作家的作品，你就会读懂所有值得一读的意大利文学作品，尽管意大利人听我这么说，会火冒三丈的。

一位绅士应能阅读一些古典著作的原著，例如：法国的布瓦洛、高乃依、拉辛、莫里哀等人的作品；英国的弥尔顿、德莱顿、蒲柏、斯威夫特等人的作品；意大利则有上述一位作家的作品。德国作家你想到了谁？我不敢确定，事实上，我自己也不大清楚。此类作品能启迪你的心智与想象力，也是优秀群体中常常谈到的话题。

在你的全部教育中，我不认为学会几种语言是无足轻重的事。你不能相信译本，你应去读原著。这样你就可以轻松自如地用外语同外国人交谈了。在事业中，往往用对了词句就会产生力量，带来好处。在交谈时，用词是否恰当，效果便有显著不同。你现在已学会四种语言，我希望你学得更正确、更准确、更优雅。

①奥维德：古罗马诗人，代表作为长诗《变形记》，还有《爱的艺术》等。 ②塔索：意大利文艺复兴后期诗人，代表作为叙事长诗《被解放的耶路撒冷》。

真知灼见

切斯特菲尔德伯爵饱览群书，对读书有许多深刻的体会。他强调：读书，一要读经典，二要读原著。因为只有公认的经典，才是人类最好的智慧结晶；而读其原著，才能真正汲取其中的营养。一如伯爵所言：“此类作品能启迪你的心智与想象力，也是优秀群体中常常谈到的话题。”

现在中国的年轻人越来越远离经典原著了，因为现在媒体众多，报刊、影视、互联网、自媒体等，让人应接不暇，没有时间阅读书籍，更勿谈经典了。有人弄出一些经典的精华版、速读版、改编版等，成为对经典快餐式的阅读。殊不知，这些离开原著的阅读，是难以领会原著的魅力的。打个比方，原著是新鲜的食品，味道鲜美，营养丰富；而这些经人处理的版本，是反复煮炒的食品，失去了原味，营养也丢失了许多。更可怕的是，有的人未真正领悟原著的内涵，就加以自己的一些错误的解读，不但没有营养，反而可能有毒。

如果我们要学习中国文学，对于《诗经》、汉赋、唐诗、宋词、元曲、明清小品文，就不能不去认真阅读。对于阅读经过翻译的外文经典著作，译作很难尽表其意，还是尽量去阅读著作的原文。

把时间全部耗在一些杂书上，甚至一些无聊、无意义的书上，这只能算作消遣，不能称为阅读。

多读书，读好书，读历史之经典，读经典之原著——是每个阅读者应该遵循的最基本的原则。

快乐阅读

毛主席“攻”书

毛泽东主席一生好读书。早年戎马生涯，他一直坚持读书。担任国家领导人后，即使国事再忙，他也从不放松读书。

毛主席读书很讲究方法，把读书比作攻克敌人的城池。他说：“我看这个‘攻’字是大有道理的，就是把书当敌人看，一字一句地攻读。”一句话，就是“攻书到底”。如何“到底”，他又解释说：“学习一定要学到底，学习的最大敌人是不到‘底’。自己懂了一点，就满足了。”

毛主席读书刻苦，涉猎广泛。童年时在私塾读书的前两年，他就从《三字经》读起，渐至《百家姓》《论语》《孟子》《诗经》等经典。遇到不懂的地方，他就翻阅《康熙字典》自学。韶山毛泽东纪念馆至今还保存着毛主席小时候读过的《诗经》和《论语》。在江西苏区的时候，李德等人把持临时中央，毛主席被扣上“狭隘经验论”的帽子，被讥讽“山沟沟里出不了马列主义”。在遵义会议上，还有人批评他按《三国演义》和《孙子兵法》指挥打仗，“并不高明”。为此，心里憋了一口气的毛主席，在红军胜利抵达陕北后，发愤读书，啃马列著作，学习哲学、军事、经济、文学，涉猎广泛，无所不读。

毛主席十分重视读原著，且反复读。特别是一些重点书，从不听别人讲解，而是让人找来原著阅读。如《共产党宣言》，他不但看原著，而且一篇篇仔细研读，从词汇、句读、章节到全文意义，每个方面都细细滤过。据说，《共产党宣言》毛主席读了不下一百遍，《资治通鉴》读了十七遍，《红楼梦》也至少读了五遍。

1972 年，毛主席对日本首相田中角荣说：“我有读不完的书，每天不读书就无法生活。”

学习世界

所有学习中最重要最有用的是学习世界。你在这方面的进展如何？你觉得已获得若干知识了吗？你的日常经历是否会立刻加深你对世界的了解？你也许会问我，如何判断、了解世事的多或少。我可以告诉你一个切实可行的办法，你可以检测一下：两年前你对世事的看法，现在有无改变？这是有无进步的可靠标志。

我自己在年轻时，常常得出错误的观点：以为只要有雄心壮志，任何事情都可以办得成；以为技艺是无用的；以为谦恭与随机应变是优柔寡断与懦弱的表现。这种误解导致做事没策略、不得体、不文雅。愚蠢的人不会一辈子受骗，但凡有一点生活经验，并加以思考，便不难醒悟。当他们对自己有了认识之后，便能理智地摆脱心灵与感情的桎梏，于是，他们自己就成了征服者而不再是被征服者。你有没有发现：花样翻新的谄媚很容易征服一个女人，而这种方法也可以征服一个男人？你有没有发现：各种各样的小事情都会影响一个人的心灵，而从整体来说，对心灵的提高仍然有益？如果你已发现这些道理，那么，你已有了进步。

一个人只需略懂世事便能认出神采飞扬、光芒四射的大人物，不过，那样的人物是很少的。可是，要区分开肉眼几乎看不见的阴影，区别从德行到恶行的微妙差异，从聪明到愚蠢的微妙差异，从坚强到软弱的微妙差异（这些不同的性格通常都是组合在一起的），那就要求丰富的经验、大量的观察与密切关注。在同一类人中，大多数人都在做同样的事情，但由于个体差异，所以便有成功与不成功的不同结果。熟谙世事的人知道选择适当的时间、适当的地点，他会分析他所诉求的人物的性格，调整自己的言谈举止以便适应对方。但是，那种所谓只有普通常识的人，做事情往往一厢情愿、一意孤行，不考虑别人的想法，往往找错时间、找错地点，莽莽撞撞不看路标，结果摔倒在地，满嘴啃泥。在平常的社交往来中，每一个有常识的人，总懂得一些基本的规矩——待人接物的礼节。他不打算得罪人，甚至还希望取悦于人。如果他有一定的优点，他就会被优秀的团体接纳或勉强接纳。但这远远不够，因为，尽管他得到了接纳，但并未受到热切的邀请；尽管他并未得罪人，但也未受人喜爱。就像大国周围一些中立的小国家，别人不惧怕它们也不去讨好它们，但是，说不定什么时候，它们就会受到大国的攻击，其实同利害冲突也并无关系。这是最卑劣的行径！

学问来自读书，但更重要得多的学问——有关现实世界的知识，只能来自读“人”而不是读“书”，并且要研读各种各样的“版本”。各种语言文字中，有许多词汇通常被认为是同义字。其实，用心学习语言文字的人就会知道，世上并不存在同义字，所谓的同义字都有一些微小的或明显的差别。人也一样，乍看起来都一样，其实没有两个人是完全相同的。要获得这方面的知识，只有深入到不同的群体中去，那才是唯一的“学校”。

真知灼见

人的学问来自两方面，一是书本，二是世界。人在年轻时进入学校读书，学习来自前者的学问。而参加工作和进入社会，更需要来自后者的学问。可以说，对于每个人来说，学习无时不在、无时不需。

切斯特菲尔德伯爵在这封家书中，特别强调来自后者的学问——学习世界，甚至以为学习世界比学习书本知识更加重要。这两者不可偏颇，只注重书本上的学问，可能会让人成为一个“书呆子”，这些学问无法解决有些现实问题；而只注重学习世界，可能会让人变得过于世故，因为无书本上的学问，往往见识浅薄、缺乏理性。

一个成功者，必须具备丰富的书本学问，同时谙熟人情世故。能做到从容处世、游刃有余，自然不是易事。伯爵把每个人比成是一本书，且有不同的“版本”。此时的人与彼时的人，虽属同一个人，但性格和思想可能略有改变，如同书有不同的版本，这样的比喻极其细腻而惟妙惟肖。可惜在生活中，我们很少去有意地读人、读事、读这个世界。

古人所谓:“世事洞明皆学问，人情练达即文章。”这些学问我们不必、也不可能全部掌握。但对于和自己有关的，还是需要去努力学习的。如伯爵期望爱子进入上流社会，那么，对上流社会种种政治、人物、交际等，莫不需要了解。而其中的一些细节更是重中之重，往往是决定成败的关键。

快乐阅读

孔子周游列国

春秋时期鲁定公十四年（公元前 496 年），孔子毅然放弃了鲁国的高官厚禄，带领一班弟子去周游列国，宣传自己的仁政思想，了解各国的政治和社会情况。

此行可谓历尽艰险，经历丰富。

他们路过一个叫匡的地方，匡人把他误认为阳虎，要杀他。因为阳虎早先压迫过匡人，匡人都恨他，可巧孔子的相貌有点像阳虎。子路要跟匡人打一打。孔子拦住他，说："我和匡人无冤无仇，他们为什么把我围起来呢？这一定是个误会。"他坐下来弹琴，让人家知道他是个性格沉静的文人，不是阳虎。恰好卫灵公派人来请孔子回去，匡人才知道是他们弄错了，忙向孔子赔不是。孔子白白地受了五天罪。

到了宋国地界，在一棵大树底下，孔子向弟子们讲课。宋国有个挺得宠的臣子，怕国君重用孔子，对他不利，就把那棵大树砍了，想轰走孔子。孔子没法，只好离开宋国，上郑国去。

孔子和弟子们被乱兵围在陈蔡的郊野，没办法前行一步。带的那点干粮，很快也都吃光了。弟子们一筹莫展，愁眉苦脸，有的还饿病了。这时候，只有孔子一如往日，甚至比往日更有精神，照旧根据课程表的安排讲他的课。除正常的音乐课以外，弟子们下课之后，孔子还会鼓琴、高歌。孔子针对每个弟子的不同特点，予以施教，不但平复了弟子们的情绪，还使他们受到深刻的教育。断粮持续七日，他们终于得到楚国人的救助。

孔子此次周游列国持续十四年，最后回到鲁国，潜心著述《春秋》。其周游列国的言论，被弟子记入《论语》中。应该说，这次经历，孔子教育了一大批有才干的弟子，极大地丰富了孔子的学说，使他晚年成为诸侯公认的贤哲，成为影响后世的圣人。可以说，没有这段对当时诸侯各国的阅读和经历，也可能就没有后人心目中的孔子了。

修饰仪容，提升气质

极少有著名的谈判家以学问高深闻名于世。最有名的法国谈判高手（我以为其他国家都还没有像他们这么能干的人）都是行伍出身，例如：阿尔古元帅、埃斯特拉德伯爵等。已故的马尔伯乐公爵也是个谈判高手，他是位将军，读书甚少，但有极高的识人天赋。其中的道理，我以为不难知晓。一个学问高深的人，必定把绝大部分时间用来读书，而一个谈判高手必然要用大部分时间来知人、识人。一位出名的学者，把他从灰尘飞扬的书斋里拉出来，让他去做事，他只会按书本办事，以书本上的人物看待活生生的人，以为世上的事都是一样的。其实自从开天辟地以来，从没有两件完全相同的事。拥有一定程度的学识是必要的，但是，如果不谙世事，不熟悉人物的不同性格、不同感情、不同习惯，就成不了谈判高手。军事将领所受的教育不同，其书本知识或许不足，但他们对世界的了解足以弥补这一缺陷。他们从年轻时就进入社会，了解各种各样的人，他们懂得首先要使人们喜欢他们，因此十分注意修饰自己的仪容。其结果你可以见到，将军们在宫廷中总是出类拔萃，并受到女士们的青睐。

一位外交官平日里并无大事待他处理，因此，他的谈判知识与谈判技巧无从考验。但是，他每天必须做的，每天的每个小时必须做的，是为他的事业做好准备，铺平道路，那就是专心致志地去修饰仪容、提升气质，不仅进出一些高门大宅，而且要取得当地广大民众的信任。他必须获得他们的认可，不能让他们感觉到他是个陌生人。一位高超的外交官很可能花上几个小时彬彬有礼、高贵优雅地出席舞会、晚宴，这些活动正如同他在办公室里绞尽脑汁起草条约草案一样，实际上都是在为他的君主圆满地完成某项使命。阿尔古元帅凭借他的名望、风度与气派，使西班牙人对法国由来已久的反感画上了句号。西班牙的很多大人物非常喜欢这位元帅，经常出入他的府邸，他就这样潜移默化地使西班牙人比较喜欢法国人而不是德国人了。埃斯特拉德伯爵也是凭借他的风度使法国同“联省共和国”（荷兰前身）建立了友好关系，当时荷兰的行政首脑德维特先生（议长）为伯爵介绍了不少朋友，解决了不少难题。这种才能当然并非来自书本，而是来自其他学问，诸如舞蹈、击剑、骑马、军事知识。

有一天，我同一个熟悉你、喜爱你的人讲到上述问题时，谈到了你。我表达了对你的期待，希望你成为一个上流社会人士，希望你外在的美能得到修饰，至少与你内在的见识与学问相当。此时，对方插话道："你不必多操心了，这是做不到的。你想使他拥有的优雅的风度与气魄，与他的性格不符，还是由他自己发展去吧。"一个人的本质，在旁人的关怀下也许会有稍许改变，但绝不会完全改变。我在一定程度上否认这一观点，但我也承认我们的本质在许多方面是不会改变的，同时我也确信，在某些方面经过努力是会改变与改进的。我曾多次谈到的外表的美，只要有决心，就能养成习惯。我同他的争论持续了不短的时间，正如伏尔泰所说，英国人争论的结局总要以五十几尼为赌注来打赌。如果你认为我会赢，请你参与进来。有了你的保证，我更情愿拿一千几尼来做赌注，而不是五十几尼。

真知灼见

切斯特菲尔德伯爵的目标是将儿子培养成一名优秀的国家政要，一名外交官。对此，伯爵反复强调要爱子注重修饰自己的仪容、提升自己的气质，这是成为一名优秀官员的必备条件。

整洁的外表、优雅的风度，能给人以良好的第一印象，甚至在潜移默化之中，能改变别人对你的工作、你的国家或单位的印象，从而使你获得对方的许多帮助。古今中外的许多名人，特别是优秀的外交官，莫不特别注意这些方面。

伯爵认为，人的本质是可以通过学习有所改变和改进的。也正因为如此，伯爵反复告诫爱子要注意这些方面，期望爱子通过努力来改变自己这些方面的不足。

一味追求外表的优雅，这种优雅是浅薄的，很容易被人识破。只有具备丰富的知识和良好的道德品质，才会使自己真正具备高雅的风度。也即实现外在美与内在美的统一。

快乐阅读

周总理的风度

周恩来总理外表英俊，极其注重仪容。中华人民共和国建立初期，周总理在世界各地奔波，积极推动中国外交事业的发展。其翩翩的个人风度，给国际友人留下了良好的印象，对他开展外交事业也产生了重大的影响。

周总理从来都是衣冠整洁，举止得体。他不但要扣好每一粒扣子，而且哪怕衣服上只有米粒大小的污渍，他都会马上用湿毛巾仔细地擦去。即便是在家里，周总理也总是衣着整洁，连领扣都要扣上。他就寝的时候从外套到贴身衣物一定要从下往上一件件地叠放好，第二天起来又从上往下一件件取来穿上，按部就班，就好像面前有台摄像机随时记录着他的一举一动，他理应永远保持自己的形象。

20 世纪 50 年代的一天清晨，周总理和几位高级干部在西郊机场送别来访的柬埔寨西哈努克亲王，按照当时的礼仪，飞机离开时要在机场上空盘旋一周以示告别和感谢，而就在飞机起飞往回转向之时，周总理发现那两位高级干部因为天气寒冷已经跑回候机室了。等飞机远去了，周总理生气地批评他们，认为他们这是看不起人家，是大国沙文主义的表现。

周总理以自己的形象引导着世界对中国的印象。1964 年，中国与苏联的谈判陷入僵局，当时中苏关系非常紧张，但离开时，他还是向宾馆服务员一一道别，并送些小礼品，男服务员送支钢笔、领带，女服务员送块披肩、桌布、被面之类，还特意到厨房向炊事员表示感谢。

西哈努克亲王曾称周总理是亚洲的克拉克·盖博，一些记者也以“东方第一美男子”称誉他，以甘地夫人为他的魅力所倾倒等评论来描述他的无穷魅力。曾经有一位美国的社会学博士来中国访问，在见到周总理的保健护士郑淑云时，他认真地问道：“周恩来这个人说话你们为啥都愿意听，是不是因为他长得英俊？”

名望的重要性

有一条十分古老的格言：凡是最专制、宝座坐得最稳的国王，都是最擅长掌握人心的。他们的名望比他们的军队还管用，他们在臣民心中的感情影响比恐惧更能使臣民唯命是从。一般来说，国王的威望越高，臣民越顺从。

一个人具有取悦广大民众的巨大才能，他讲的话能使广大民众接受，说明他有一种特殊的力量，这种力量有助于提高他的威望，即使发生重大意外，也不致使他倒台。像你这个年纪的年轻人，一般来说，对名望的重要性都缺乏足够的认识。使年轻人对那种有用的力量缺乏认识的障碍有三种：骄傲，忽视，以及不屑。第一条，我想你不会有，鉴于你的见识，不致如此。我确信，你不会认为你的天然本质高于你的男仆，但是，由于贫富不同，所以你有理由为有男仆侍候而感到高兴。你可以有你的享乐，但切勿侮慢那些无足够财富甚至缺乏生活必需品的穷人。以我来说，我是非常注意自己对仆役的态度的，甚至更甚于我对待同等地位的人，有些人认为我没必要这样做。很多年轻人不大注意这方面，还以为颐指气使的态度、粗鲁的权威性的指令，都是应有的气派。目中无人常常是骄傲与轻视他人的表现，是不可原谅的。年轻人的注意力只集中在知心朋友的小圈子内，以及某些门第高、容貌好、有才华的出众人物身上，而对其他人，他们不屑一顾，甚至连起码的礼貌都不讲。我应坦白地向你承认，这是我年轻时曾犯过的重大错误之一。我只把注意力集中在我所迷恋的宫廷小圈子上，把其他人都看成是平庸粗俗的小市民，不同他们讲礼貌，从而得罪了一些人。我被认为是傲慢之人，其实我仅仅是不谨慎。

“不屑一顾”不仅阻碍年轻人结交更多朋友，而且会树立不少敌人。他们不屑于做那些他们知道应该做的事，仅仅是因为害怕受到绅士、淑女们的耻笑。举例来说，假设你同几位绅士在大街上漫步，不期而遇一位驼背的老朋友，你会怎么办呢？我告诉你该怎么办——如果是我的话，我会走上前去拥抱那位老朋友，跟他说几句亲切的话，然后大大方方地回到绅士那儿去。

看到这里，也许你会说：取悦所有人是不可能的。我承认这一点，但不能因此说我们不该尽力去取悦尽可能多的人。不，我还想再多说一句，我承认，一个人是不可能没有几个敌人的。但即便如此，我仍要坚持说："谁的朋友最多、敌人最少，他就是最强有力的，他将会高升而不受忌妒，即使摔倒了，也会体体面面，得到大多数人的同情。"

真知灼见

切斯特菲尔德伯爵的这封家书，还是谈交际的。在以前的家书中，伯爵特别强调要爱子多同绅士交往，从而获得更多优雅的风度。此时，伯爵也意识到自己有过错误之处，即瞧不起小市民，以致自己被看成傲慢之人。这封家书，表现出伯爵作为一个思想家的自我批评与深刻反思。

无疑，像所有父母一样，伯爵希望爱子超越自己，获得更多、更大的名望，也即能广泛地取悦于人，不管是绅士，还是小市民。于伯爵看来，要获得更多、更大的名望，必须克服三种障碍：不要在别人面前表现出骄傲自大，不要忽视任何人，不要对任何人不屑一顾。这三种障碍，很多人一生都难以克服，特别是对于那些拥有知识、地位和财富的人。

如何克服这三种障碍？必须用自己的真诚、谦卑、善良，去广泛地获取朋友。即使是敌人，或持不同见解者，也因为你的人格魅力，而从心底对你升起敬重感。

德行的力量，胜过你拥有的任何其他东西，能使你享有广泛的名望；名望能让你获得来自众人的力量，成就你的伟大事业。

快乐阅读

受人爱戴的赵朴初

赵朴初，安徽人，著名的爱国宗教领袖、国学大师、作家、书法家。

赵朴初生前曾担任全国政协副主席，可谓名高而位重，但他始终把自己摆在很低的位置，发自内心地尊重每一个人。每次外出工作，他都会感谢各级领导对他工作的支持。他的书法很有名，他就给人写字表达谢意。他还很感谢为他服务的工作人员，同样为他们写诗、写字。1990 年，他回到家乡安徽视察工作，临回北京前，他在宾馆闭门不出一天，写了几十幅字，送给有关人员，包括宾馆的服务员。

赵朴初住在北京和平门一幢非常普通的四合院里，条件很差。国家多次要给他换房、换车，他一一拒绝。离四合院不远处，就是东栓小学，小学里没有运动场地，上体育课时，孩子们到处乱跑，在他家门口喧哗。工作人员要去驱赶孩子，却被赵朴初制止，他说："学校连操场都没有，让他们好好玩玩。"有一天，一位老师非常高兴地告诉赵朴初："我们要建新学校了，以后上体育课，就不会有孩子来打扰您了。"赵朴初也很高兴地说："真是好事，等到新学校建成了，我一定要去恭贺！"东栓小学新校舍落成，学校领导给赵朴初送来了请柬。赵朴初欣然为学校题字，还带夫人一起专门去参加了新校舍落成典礼。

赵朴初给自己的诗集取名《滴水集》《片石集》，希望自己只是一滴水，融进人民的大海里；希望自己只是一片石，铺在人们行走的道路上。

理念与经验相结合

当想到我把时间都用在你身上时，我感到自己是十分明智的。你已有很大长进，目前仍在不断进步。现在已到决定性的时刻。一个人即将在公众面前出现，但仅仅有个轮廓、有个大体上的色彩，是不足以吸引人们的目光与掌声的，还需要美妙的、精彩的、最后的一抹重彩。有判断力的人才能察觉并认识到一个人的价值，无知的人只懂得看这个人有无权势。由此，我想起一些格言，或更确切地说，有关对人对事的观察，来供你仔细领会。我不是个格言写作者，也不是个理论创立者，我决不依靠想象，而只凭我的记忆。我的结论都从事实而来，绝非空想。

大多数格言写作者喜欢运用一些华丽的辞藻，说明某种思想的正确性，然后把它变成真理。但是，我对非经亲身验证的真理是一概拒绝承认的。我希望你慎重考虑那些格言，并在类似的情况下加以检验。年轻人总喜欢自作聪明，就像醉汉总说自己未醉。年轻人重视理念，轻视经验。他们只知其一，不知其二。只有理念而无经验，是危险的；只有经验而无理念，则缺乏生气并有缺陷。二者结合起来是最完美的，可惜这种情况太少。如果你能把二者结合起来，那是最好不过的。我的全部经验可以为你服务，无须你一丝一毫的报偿。

要既用经验又用理念，让它们相互推动，相互检验。我在此处所说的年轻人的精神，是指年轻人的活力与朝气，但这些精神会阻碍他们预见某项任务的危险性。我所说的年轻人的精神，绝不是指那种吹毛求疵、攀比门第、生怕被人轻视等粗鄙、愚蠢的所谓“精神”。这些都是恶德，应予以清扫，扔进猪圈。

真知灼见

年轻人都喜欢格言警句或者名人名言之类的东西，抄录在笔记本上，能背诵出很多。在学校里，很多人写议论文或进行演讲时，都会大量地引用这样的内容。这没有错，但是，不可过分迷信这些理念。它们是否就是真理或者适合自己，还需要通过实践来进行检验。一个人的理念，随着时过境迁，可能都会发生改变。因此，不要固执地认为自己永远是对的，或者认为某种理念就是真理。

切斯特菲尔德伯爵在以前的许多家书中，偶尔会引用一些格言来教育或提醒爱子。写这封家书时，伯爵大概又想引用某些格言，但他没有这样做，并由此引发许多思考。在爱子即将走上社会之时，伯爵不希望用这些既有的理念来教育他，而是希望他通过生活的经验去体会理念，把理念放到生活中去检验，既用经验又用理念，同时重视两者。这才是对经验和理念正确的认识和运用。

我们阅读伯爵的家书时，可以发现他的许多话都是可以当作格言来看待的。同样，它们值得我们学习，引以为鉴，但也不可一味认同，还是要把它们放到生活实践中，对照生活经验去思考、比较，然后确定它们正确与否，这样的理念才是对我们真正的滋养。

有些理念，可能现在你还不能充分理解其意，要到你有一些人生阅历时，才能明白其意。一如大诗人陆游所说：“纸上得来终觉浅，绝知此事要躬行。”

快乐阅读

陶渊明做官

陶渊明，浔阳柴桑（今江西九江市西南）人，东晋著名的田园诗人，他所写的诗常常表达出对田园生活的热爱和对官场的厌倦，对后世中国诗歌的影响极为深远。

其实，陶渊明早年不是这样想的。他的祖上曾经做过官，陶渊明从小得以接受儒家教育，非常羡慕古代那些大将名相，齐家治国，名垂青史。他写过诗曰“猛志逸四海”，这“猛志”就是希望建功立业。他一直苦读诗书，练习武艺，弱冠之年开始游历四方，希望能够当官。

二十九岁那年，陶渊明做了一个名为祭酒的小官。他的上司正好是有名的书法家王羲之的儿子——王凝之。王凝之和他的父亲不一样，是一个毫无能力的人，整天忙着炼丹服药，一心只想长生不老。年轻气盛的陶渊明看到这种情况，极其愤慨，心想：“这样的一个人，怎么能管理好国家大事，我又怎么能在这种人手下办事呢？”于是卷起铺盖回家去了。

后来，陶渊明先后进了大将军桓玄和刘裕的幕府，协助他们处理日常事务。但这些人疯狂的杀戮和野心，让他觉得非常可怕，再加上思念亲人，他最后还是决定离开。

五十三岁那年，陶渊明当上了江西彭泽县的县令。因为查户口的事，得罪了上司郡丞何隆。何隆为出胸中一口恶气，便设计利用督邮刘云去惩戒陶渊明。刘云受何隆之命，某天突然闯进县衙，无故斥责了陶渊明一番。陶渊明哪受得了这番羞辱，愤然道：“我岂能为了这五斗米折腰，向这些乡里小人低头？！”再次挂印而去。

陶渊明这才觉得，建功立业远非书上所写的和从前自己所想的那么美好。他到乡间隐居起来，以种田为生，既耕亦读，闲写诗书，生活虽然清苦了些，但充满诗意。这种恬淡的生活化成一首首动人的诗篇，流于他的笔下。

就这样，中国历史上少了一位普通的官吏，却多了一位著名的田园诗人。